Georg Simmel

Die Großstädte und das Geistesleben

e-artnow 2018

John Stuart Mill
Die Hörigkeit der Frau

Edith Stein
Eine Untersuchung über den Staat

Arthur Schopenhauer
Versuch über Geistersehn und was damit zusammenhängt

Friedrich Schelling
Gesammelte Werke: Die Quelle der ewigen Wahrheiten, Die Natur der Philosophie als Wissenschaft & Philosophie der Offenbarung

Edmund Husserl
Cartesianische Meditationen und Pariser Vorträge

Georg Simmel

Die Großstädte und das Geistesleben

e-artnow, 2018
ISBN 978-80-273-1544-4

Inhaltsverzeichnis

Die Großstädte und das Geistesleben

Die tiefsten Probleme des modernen Lebens quellen aus dem Anspruch des Individuums, die Selbständigkeit und Eigenart seines Daseins gegen die Übermächte der Gesellschaft, des geschichtlich Ererbten, der äußerlichen Kultur und Technik des Lebens zu bewahren – die letzterreichte Umgestaltung des Kampfes mit der Natur, den der primitive Mensch um seine leibliche Existenz zu führen hat.

Mag das 18.Jahrhundert zur Befreiung von allen historisch erwachsenen Bindungen in Staat und Religion, in Moral und Wirtschaft aufrufen, damit die ursprünglich gute Natur, die in allen Menschen die gleiche ist, sich ungehemmt entwickele; mag das 19.Jahrhundert neben der bloßen Freiheit die arbeitsteilige Besonderheit des Menschen und seiner Leistung fordern, die den Einzelnen unvergleichlich und möglichst unentbehrlich macht, ihn dadurch aber um so enger auf die Ergänzung durch alle anderen anweist; mag Nietzsche in dem rücksichtslosesten Kampf der Einzelnen oder der Sozialismus gerade in dem Niederhalten aller Konkurrenz die Bedingung für die volle Entwicklung der Individuen sehen – in alledem wirkt das gleiche Grundmotiv: der Widerstand des Subjekts, in einem gesellschaftlich-technischen Mechanismus nivelliert und verbraucht zu werden.

Wo die Produkte des spezifisch modernen Lebens nach ihrer Innerlichkeit gefragt werden, sozusagen der Körper der Kultur nach seiner Seele – wie mir dies heut gegenüber unseren Großstädten obliegt – wird die Antwort der Gleichung nachforschen müssen, die solche Gebilde zwischen den individuellen und den überindividuellen Inhalten des Lebens stiftet, den Anpassungen der Persönlichkeit, durch die sie sich mit den ihr äußeren Mächten abfindet.

Die psychologische Grundlage, auf der der Typus großstädtischer Individualitäten sich erhebt, ist die Steigerung des Nervenlebens,die aus dem raschen und ununterbrochenen Wechsel äußerer und innerer Eindrücke hervorgeht.

Der Mensch ist ein Unterschiedswesen, d. h. sein Bewußtsein wird durch den Unterschied des augenblicklichen Eindrucks gegen den vorhergehenden angeregt; beharrende Eindrücke, Geringfügigkeit ihrer Differenzen, gewohnte Regelmäßigkeit ihres Ablaufs und ihrer Gegensätze verbrauchen sozusagen weniger Bewußtsein, als die rasche Zusammendrängung wechselnder Bilder, der schroffe Abstand innerhalb dessen, was man mit einem Blick umfaßt, die Unerwartetheit sich aufdrängender Impressionen.

Indem die Großstadt gerade diese psychologischen Bedingungen schafft – mit jedem Gang über die Straße, mit dem Tempo und den Mannigfaltigkeiten des wirtschaftlichen, beruflichen, gesellschaftlichen Lebens – stiftet sie schon in den sinnlichen Fundamenten des Seelenlebens, in dem Bewußtseinsquantum, das sie uns wegen unserer Organisation als Unterschiedswesen abfordert, einen tiefen Gegensatz gegen die Kleinstadt und das Landleben, mit dem langsameren, gewohnteren, gleichmäßiger fließenden Rhythmus ihres sinnlich-geistigen Lebensbildes.

Daraus wird vor allem der intellektualistische Charakter des großstädtischen Seelenlebens begreiflich, gegenüber dem kleinstädtischen, das vielmehr auf das Gemüt und gefühlsmäßige Beziehungen gestellt ist.

Denn diese wurzeln in den unbewußteren Schichten der Seele und wachsen am ehesten an dem ruhigen Gleichmaß ununterbrochener Gewöhnungen.

Der Ort des Verstandes dagegen sind die durchsichtigen, bewußten, obersten Schichten unserer Seele, er ist die anpassungsfähigste unserer inneren Kräfte; er bedarf, um sich mit dem Wechsel und Gegensatz der Erscheinungen abzufinden, nicht der Erschütterungen und des inneren Umgrabens, wodurch allein das konservativere Gemüt sich in den gleichen Rhythmus der Erscheinungen zu schicken wüßte.

So schafft der Typus des Großstädters, – der natürlich von tausend individuellen Modifikationen umspielt ist – sich ein Schutzorgan gegen die Entwurzelung, mit der die Strömungen und Diskrepanzen seines äußeren Milieus ihn bedrohen: statt mit dem Gemüte reagiert er auf diese im wesentlichen mit dem Verstande, dem die Steigerung des Bewußtseins, wie dieselbe Ursache

sie erzeugte, die seelische Prärogative verschafft; damit ist die Reaktion auf jene Erscheinungen in das am wenigsten empfindliche, von den Tiefen der Persönlichkeit am weitesten abstehende psychische Organ verlegt.

Diese Verstandesmäßigkeit, so als ein Präservativ des subjektiven Lebens gegen die Vergewaltigungen der Großstadt erkannt, verzweigt sich in und mit vielfachen Einzelerscheinungen.

Die Großstädte sind von jeher die Sitze der Geldwirtschaft gewesen, weil die Mannigfaltigkeit und Zusammendrängung des wirtschaftlichen Austausches dem Tauschmittel eine Wichtigkeit verschafft, zu der es bei der Spärlichkeit des ländlichen Tauschverkehrs nicht gekommen wäre.

Geldwirtschaft aber und Verstandesherrschaft stehen im tiefsten Zusammenhange. Ihnen ist gemeinsam die reine Sachlichkeit in der Behandlung von Menschen und Dingen, in der sich eine formale Gerechtigkeit oft mit rücksichtsloser Härte paart.

Der rein verstandesmäßige Mensch ist gegen alles eigentlich Individuelle gleichgültig, weil aus diesem sich Beziehungen und Reaktionen ergeben, die mit dem logischen Verstande nicht auszuschöpfen sind gerade wie in das Geldprinzip die Individualität der Erscheinungen nicht eintritt.

Denn das Geld fragt nur nach dem, was ihnen allen gemeinsam ist, nach dem Tauschwert, der alle Qualität und Eigenart auf die Frage nach dem bloßen Wieviel nivelliert.

Alle Gemütsbeziehungen zwischen Personen gründen sich auf deren Individualität, während die verstandesmäßigen mit den Menschen wie mit Zahlen rechnen, wie mit an sich gleichgültigen Elementen, die nur nach ihrer objektiv abwägbaren Leistung ein Interesse haben – wie der Großstädter mit seinen Lieferanten und seinen Abnehmern, seinen Dienstboten und oft genug mit den Personen seines gesellschaftlichen Pflichtverkehrs rechnet, im Gegensatz zu dem Charakter des kleineren Kreises, in dem die unvermeidliche Kenntnis der Individualitäten ebenso unvermeidlich eine gemütvollere Tönung des Verhaltens erzeugt, ein Jenseits der bloß objektiven Abwägung von Leistung und Gegenleistung.

Das Wesentliche auf wirtschaftspsychologischem Gebiet ist hier, daß in primitiveren Verhältnissen für den Kunden produziert wird, der die Ware bestellt, so daß Produzent und Abnehmer sich gegenseitig kennen.

Die moderne Großstadt aber nährt sich fast vollständig von der Produktion für den Markt, d. h. für völlig unbekannte, nie in den Gesichtskreis des eigentlichen Produzenten tretende Abnehmer.

Dadurch bekommt das Interesse beider Parteien eine unbarmherzige Sachlichkeit, ihr verstandesmäßig rechnender wirtschaftlicher Egoismus hat keine Ablenkung durch die Imponderabilieb persönlicher Beziehungen zu fürchten.

Und dies steht offenbar mit der Geldwirtschaft, die in den Großstädten dominiert, und hier die letzten Reste der Eigenproduktion und des unmittelbaren Warentausches verdrängt hat und die Kundenarbeit täglich mehr reduziert –, in so enger Wechselwirkung, daß niemand zu sagen wüßte, ob zuerst jene seelische, intellektualistische Verfassung auf die Geldwirtschaft hindrängte, ober ob diese der bestimmende Faktor für jene war.

Sicher ist nur, daß die Form des großstädtischen Lebens der nährendste Boden für diese Wechselwirkung ist; was ich nur noch mit dem Ausspruch des bedeutendsten englischen Verfassungshistorikers belegen will: im Verlauf der ganzen englischen Geschichte habe London niemals als das Herz von England gehandelt, oft als sein Verstand und immer als sein Geldbeutel!

An einem scheinbar unbedeutenden Zuge auf der Oberfläche des Lebens vereinigen sich, nicht wenig charakteristisch, dieselben seelischen Strömungen.

Der moderne Geist ist mehr und mehr ein rechnender geworden.

Dem Ideale der Naturwissenschaft, die Welt in ein Rechenexempel zu verwandeln, jeden Teil ihrer in mathematischen Formeln festzulegen, entspricht die rechnerische Exaktheit des praktischen Lebens, die ihm die Geldwirtschaft gebracht hat; sie erst hat den Tag so vieler Menschen mit Abwägen, Rechnen, zahlenmäßigem Bestimmen, Reduzieren qualitativer Werte auf quantitative ausgefüllt.

Durch das rechnerische Wesen des Geldes ist in das Verhältnis der Lebenselemente eine Präzision, eine Sicherheit in der Bestimmung von Gleichheiten und Ungleichheiten, eine Unzweideutigkeit in Verabredungen und Ausmachungen gekommen – wie sie äußerlich durch die allgemeine Verbreitung der Taschenuhren bewirkt wird.

Es sind aber die Bedingungen der Großstadt, die für diesen Wesenszug so Ursache wie Wirkung sind.

Die Beziehungen und Angelegenheiten des typischen Großstädters pflegen so mannigfaltige und komplizierte zu sein, vor allem: durch die Anhäufung so vieler Menschen mit so differenzierten Interessen greifen ihre Beziehungen und Betätigungen zu einem so vielgliedrigen Organismus ineinander, daß ohne die genaueste Pünktlichkeit in Versprechungen und Leistungen das Ganze zu einem unentwirrbaren Chaos zusammenbrechen würde.

Wenn alle Uhren in Berlin plötzlich in verschiedener Richtung falschgehen würden, auch nur um den Spielraum einer Stunde, so wäre sein ganzes wirtschaftliches und sonstiges Verkehrsleben auf lange hinaus zerrüttet.

Dazu kommt, scheinbar noch äußerlicher, die Größe der Entfernungen, die alles Warten und Vergebenskommen zu einem gar nicht aufzubringenden Zeitaufwand machen.

So ist die Technik des großstädtischen Lebens überhaupt nicht denkbar, ohne daß alle Tätigkeiten und Wechselbeziehungen aufs pünktlichste in ein festes, übersubjektives Zeitschema eingeordnet würden.

Aber auch hier tritt hervor, was überhaupt nur die ganze Aufgabe dieser Betrachtungen sein kann: daß sich von jedem Punkt an der Oberfläche des Daseins, so sehr er nur in und aus dieser erwachsen scheint, ein Senkblei in die Tiefe der Seelen schicken läßt, daß alle banalsten Äußerlichkeiten schließlich durch Richtungslinien mit den letzten Entscheidungen über den Sinn und Stil des Lebens verbunden sind.

Die Pünktlichkeit, Berechenbarkeit, Exaktheit, die die Komplikationen und Ausgedehntheiten des großstädtischen Lebens ihm aufzwingen, steht nicht nur in engstem Zusammenhange mit ihrem geldwirtschaftlichen und ihrem intellektualistischen Charakter, sondern muß auch die Inhalte des Lebens färben und den Ausschluß jener irrationalen, instinktiven, souveränen Wesenszüge und Impulse begünstigen, die von sich aus die Lebensform bestimmen wollen, statt sie als eine allgemeine, schematisch präzisierte von außen zu empfangen.

Wenn auch die durch solche charakterisierten, selbstherrlichen Existenzen keineswegs in der Stadt unmöglich sind, so sind sie doch ihrem Typus entgegengesetzt, und daraus erklärt sich der leidenschaftliche Haß von Naturen wie Ruskin und Nietzsche gegen die Großstadt – Naturen, die allein in dem unschematisch Eigenartigen, nicht für alle gleichmäßig Präzisierbaren den Wert des Lebens finden und denen deshalb aus der gleichen Quelle wie jener Haß der gegen die Geldwirtschaft und gegen den Intellektualismus des Daseins quillt.

Dieselben Faktoren, die so in der Exaktheit und minutenhaften Präzision der Lebensform zu einem Gebilde von höchster Unpersönlichkeit zusammengeronnen sind, wirken andrerseits auf ein höchst persönliches hin.

Es gibt vielleicht keine seelische Erscheinung, die so unbedingt der Großstadt vorbehalten wäre, wie die Blasiertheit.

Sie ist zunächst die Folge jener rasch wechselnden und in ihren Gegensätzen eng zusammengedrängten Nervenreize, aus denen uns auch die Steigerung der großstädtischen Intellektualität hervorzugehen schien; weshalb denn auch dumme und von vornherein geistig unlebendige Menschen nicht gerade blasiert zu sein pflegen.

Wie ein maßloses Genußleben blasiert macht, weil es die Nerven so lange zu ihren stärksten Reaktionen aufregt, bis sie schließlich überhaupt keine Reaktion mehr hergeben – so zwingen ihnen auch harmlosere Eindrücke durch die Raschheit und Gegensätzlichkeit ihres Wechsels so gewaltsame Antworten ab, reißen sie so brutal hin und her, daß sie ihre letzte Kraftreserve hergeben und, in dem gleichen Milieu verbleibend, keine Zeit haben, eine neue zu sammeln.

Die so entstehende Unfähigkeit, auf neue Reize mit der ihnen angemessenen Energie zu reagieren, ist eben jene Blasiertheit, die eigentlich schon jedes Kind der Großstadt im Vergleich mit Kindern ruhigerer und abwechslungsloserer Milieus zeigt.

Mit dieser physiologischen Quelle der großstädtischen Blasiertheit vereinigt sich die andere, die in der Geldwirtschaft fließt.

Das Wesen der Blasiertheit ist die Abstumpfung gegen die Unterschiede der Dinge, nicht in dem Sinne, daß sie nicht wahrgenommen würden, wie von dem Stumpfsinnigen, sondern so, daß die Bedeutung und der Wert der Unterschiede der Dinge und damit der Dinge selbst als nichtig empfunden wird.

Sie erscheinen dem Blasierten in einer gleichmäßig matten und grauen Tönung, keines wert, dem anderen vorgezogen zu werden.

Diese Seelenstimmung ist der getreue subjektive Reflex der völlig durchgedrungenen Geldwirtschaft; indem das Geld alle Mannigfaltigkeiten der Dinge gleichmäßig aufwiegt, alle qualitativen Unterschiede zwischen ihnen durch Unterschiede des Wieviel ausdrückt, indem das Geld, mit seiner Farblosigkeit und Indifferenz, sich zum Generalnenner aller Werte aufwirft, wird es der fürchterlichste Nivellierer, es höhlt den Kern der Dinge, ihre Eigenart, ihren spezifischen Wert, ihre Unvergleichbarkeit rettungslos aus.

Sie schwimmen alle mit gleichem spezifischem Gewicht in dem fortwährend bewegten Geldstrom, liegen alle in derselben Ebene und unterscheiden sich nur durch die Größe der Stücke, die sie von dieser decken.

Im einzelnen Fall mag diese Färbung oder vielmehr Entfärbung der Dinge durch ihre Äquivalenz mit dem Gelde unmerkbar klein sein; in dem Verhältnis aber, das der Reiche zu den für Geld erwerbbaren Objekten hat, ja vielleicht schon in dem Gesamtcharakter, den der öffentliche Geist jetzt diesen Objekten allenthalben erteilt, ist er zu einer sehr merkbaren Größe angehäuft.

Darum sind die Großstädte, die Hauptsitze des Geldverkehrs und in denen die Käuflichkeit der Dinge sich in ganz anderem Umfange aufdrängt, als in kleineren Verhältnissen, auch die eigentlichen Stätten der Blasiertheit.

In ihr gipfelt sich gewissermaßen jener Erfolg der Zusammendrängung von Menschen und Dingen auf, die das Individuum zu seiner höchsten Nervenleistung reizt; durch die bloß quantitative Steigerung der gleichen Bedingungen schlägt dieser Erfolg in sein Gegenteil um, in diese eigentümliche Anpassungserscheinung der Blasiertheit, in der die Nerven ihre letzte Möglichkeit, sich mit den Inhalten und der Form des Großstadtlebens abzufinden, darin entdecken, daß sie sich der Reaktion auf sie versagen – die Selbsterhaltung gewisser Naturen, um den Preis, die ganze objektive Welt zu entwerten, was dann am Ende die eigene Persönlichkeit unvermeidlich in ein Gefühl gleicher Entwertung hinabzieht.

Während das Subjekt diese Existenzform ganz mit sich abzumachen hat, verlangt ihm seine Selbsterhaltung gegenüber der Großstadt ein nicht weniger negatives Verhalten sozialer Natur ab.

Die geistige Haltung der Großstädter zu einander wird man in formaler Hinsicht als Reserviertheit bezeichnen dürfen.

Wenn der fortwährenden äußeren Berührung mit unzähligen Menschen so viele innere Reaktionen antworten sollten, wie in der kleinen Stadt, in der man fast jeden Begegnenden kennt und zu jedem ein positives Verhältnis hat, so würde man sich innerlich völlig atomisieren und in eine ganz unausdenkbare seelische Verfassung geraten.

Teils dieser psychologische Umstand, teils das Recht auf Mißtrauen, das wir gegenüber den in flüchtiger Berührung vorüberstreifenden Elementen des Großstadtlebens haben, nötigt uns zu jener Reserve, infolge deren wir jahrelange Hausnachbarn oft nicht einmal von Ansehen kennen und die uns dem Kleinstädter so oft als kalt und gemütlos erscheinen läßt.

Ja, wenn ich mich nicht täusche, ist die Innenseite dieser äußeren Reserve nicht nur Gleichgültigkeit, sondern, häufiger als wir es uns zum Bewußtsein bringen, eine leise Aversion, eine gegenseitige Fremdheit und Abstoßung, die in dem Augenblick einer irgendwie veranlaßten nahen Berührung sogleich in Haß und Kampf ausschlagen würde.

Die ganze innere Organisation eines derartig ausgedehnten Verkehrslebens beruht auf einem äußerst mannigfaltigen Stufenbau von Sympathien, Gleichgültigkeiten und Aversionen der kürzesten wie der dauerndsten Art.

Die Sphäre der Gleichgültigkeit ist dabei nicht so groß, wie es oberflächlich scheint; die Aktivität unserer Seele antwortet doch fast auf jeden Eindruck seitens eines anderen Menschen mit einer irgendwie bestimmten Empfindung, deren Unbewußtheit, Flüchtigkeit und Wechsel sie nur in eine Indifferenz aufzuheben scheint.

Tatsächlich wäre diese letztere uns ebenso unnatürlich, wie die Verschwommenheit wahlloser gegenseitiger Suggestion unerträglich, und vor diesen beiden typischen Gefahren der Großstadt bewahrt uns die Antipathie, das latente und Vorstadium des praktischen Antagonismus, sie bewirkt die Distanzen und Abwendungen, ohne die diese Art Leben überhaupt nicht geführt werden könnte: ihre Maße und ihre Mischungen, der Rhythmus ihres Auftauchens und Verschwindens, die Formen, in denen ihr genügt wird – dies bildet mit den im engeren Sinne vereinheitlichenden Motiven ein untrennbares Ganzes der großstädtischen Lebensgestaltung: was in dieser unmittelbar als Dissoziierung erscheint, ist so in Wirklichkeit nur eine ihrer elementaren Sozialisierungsformen.

Diese Reserviertheit mit dem Oberton versteckter Aversion erscheint aber nun wieder als Form oder Gewand eines viel allgemeineren Geisteswesens der Großstadt.

Sie gewährt nämlich dem Individuum eine Art und ein Maß persönlicher Freiheit, zu denen es in anderen Verhältnissen gar keine Analogie gibt: sie geht damit auf eine der großen Entwicklungstendenzen des gesellschaftlichen Lebens überhaupt zurück, auf eine der wenigen, für die eine annähernd durchgängige Formel auffindbar ist.

Das früheste Stadium sozialer Bildungen, das sich an den historischen, wie an gegenwärtig sich gestaltenden findet, ist dieses: ein relativ kleiner Kreis, mit starkem Abschluß gegen benachbarte, fremde, oder irgendwie antagonistische Kreise, dafür aber mit einem um so engeren Zusammenschluß in sich selbst, der dem einzelnen Mitglied nur einen geringen Spielraum für die Entfaltung eigenartiger Qualitäten und freier, für sich selbst verantwortlicher Bewegungen gestattet.

So beginnen politische und familiäre Gruppen, so Parteibildungen, so Religionsgenossenschaften; die Selbsterhaltung sehr junger Vereinigungen fordert strenge Grenzsetzung und zentripetale Einheit und kann deshalb dem Individuum keine Freiheit und Besonderheit innerer und äußerer Entwicklung einräumen.

Von diesem Stadium aus geht die soziale Evolution gleichzeitig nach zwei verschiedenen und dennoch sich entsprechenden Seiten.

In dem Maß, in dem die Gruppe wächst numerisch, räumlich, an Bedeutung und Lebensinhalten – in eben dem lockert sich ihre unmittelbare innere Einheit, die Schärfe der ursprünglichen Abgrenzung gegen andere wird durch Wechselbeziehungen und Konnexe gemildert; und zugleich gewinnt das Individuum Bewegungsfreiheit, weit über die erste, eifersüchtige Eingrenzung hinaus, und eine Eigenart und Besonderheit, zu der die Arbeitsteilung in der größer gewordenen Gruppe Gelegenheit und Nötigung gibt.

Nach dieser Formel hat sich der Staat und das Christentum, Zünfte und politische Parteien und unzählige andere Gruppen entwickelt, so sehr natürlich die besonderen Bedingungen und Kräfte der einzelnen das allgemeine Schema modifizieren.

Es scheint mir aber auch deutlich an der Entwicklung der Individualität innerhalb des städtischen Lebens erkennbar.

Das Kleinstadtleben in der Antike wie im Mittelalter legte dem Einzelnen Schranken der Bewegung und Beziehungen nach außen, der Selbständigkeit und Differenzierung nach innen hin auf, unter denen der moderne Mensch nicht atmen könnte noch heute empfindet der Großstädter, in die Kleinstadt versetzt, eine wenigstens der Art nach gleiche Beengung.

Je kleiner ein solcher Kreis ist, der unser Milieu bildet, je beschränkter die grenzenlösenden Beziehungen zu anderen, desto ängstlicher wacht er über die Leistungen, die Lebensführung,

die Gesinnungen des Individuums, desto eher würde eine quantitative und qualitative Sonderart den Rahmen des Ganzen sprengen.

Die antike Polis scheint nach dieser Richtung ganz den Charakter der Kleinstadt gehabt zu haben.

Die fortwährende Bedrohtheit ihrer Existenz durch Feinde von nah und fern bewirkte jenen straffen Zusammenhalt in politischer und militärischer Beziehung, jene Beaufsichtigung des Bürgers durch den Bürger, jene Eifersucht der Gesamtheit gegen den Einzelnen, dessen Sonderleben so in einem Maße niedergehalten war, für das er sich höchstens durch den Despotismus seinem Hause gegenüber schadlos halten konnte.

Die ungeheure Bewegtheit und Erregtheit, die einzigartige Farbigkeit des athenischen Lebens erklärt sich vielleicht daraus, daß ein Volk von unvergleichlich individuell angelegten Persönlichkeiten gegen den steten inneren und äußeren Druck einer entindividualisierenden Kleinstadt ankämpfte.

Dies erzeugte eine Atmosphäre von Gespanntheit, in der die schwächeren niedergehalten und die starken zu den leidenschaftlichsten Selbstbewährungen angereizt wurden.

Und eben damit gelangte in Athen dasjenige zur Blüte, was man, ohne es genau umschreiben zu können, als »das allgemein Menschliche« in der geistigen Entwicklung unserer Art bezeichnen muß.

Denn dies ist der Zusammenhang, dessen sachliche wie geschichtliche Gültigkeit hier behauptet wird: die allerweitesten und allgemeinsten Inhalte und Formen des Lebens sind mit den allerindividuellsten innig verbunden; beide haben ihr gemeinsames Vorstadium oder auch ihren gemeinsamen Gegner an engen Gestaltungen und Gruppierungen, deren Selbsterhaltung sie ebenso gegen das Weite und Allgemeine außer ihnen wie gegen das frei Bewegte und Individuelle innerhalb ihrer zur Wehre setzt.

Wie in der Feudalzeit der »freie« Mann derjenige war, der unter Landrecht stand, d. h. unter dem Recht des größten sozialen Kreises, unfrei aber, wer sein Recht nur aus dem engen Kreise eines Feudalverbandes, unter Ausschluß von jenem, zog – so ist heute, in einem vergeistigten und verfeinerten Sinn, der Großstädter »frei« im Gegensatz zu den Kleinlichkeiten und Präjudizierungen, die den Kleinstädter einengen.

Denn die gegenseitige Reserve und Indifferenz, die geistigen Lebensbedingungen großer Kreise, werden in ihrem Erfolg für die Unabhängigkeit des Individuums nie stärker gefühlt, als in dem dichtesten Gewühl der Großstadt, weil die körperliche Nähe und Enge die geistige Distanz erst recht anschaulich macht; es ist offenbar nur der Revers dieser Freiheit, wenn man sich unter Umständen nirgends so einsam und verlassen fühlt, als eben in dem großstädtischen Gewühl; denn hier wie sonst ist es keineswegs notwendig, daß die Freiheit des Menschen sich in seinem Gefühlsleben als Wohlbefinden spiegele.

Es ist nicht nur die unmittelbare Größe von Bezirk und Menschenzahl, die, wegen der weltgeschichtlichen Korrelation zwischen der Vergrößerung des Kreises und der persönlichen, innerlich-äußerlichen Freiheit, die Großstadt zum Sitz der letzteren macht, sondern, über diese anschauliche Weite noch hinausgreifend, sind die Großstädte auch die Sitze des Kosmopolitismus gewesen.

Vergleichbar der Form der Vermögensentwicklung – jenseits einer gewissen Höhe pflegt der Besitz sich in immer rascheren Progressionen und wie von selbst zu steigern – vergrößern sich der Gesichtskreis, die wirtschaftlichen, persönlichen, geistigen Beziehungen der Stadt, ihr ideelles Weichbild, wie in geometrischer Progression, sobald erst einmal eine gewisse Grenze überschritten ist; jede gewonnene dynamische Ausdehnung ihrer wird zur Staffel, nicht für eine gleiche, sondern für eine größere nächste Ausdehnung, an jeden Faden, der sich von ihr aus spinnt, wachsen dann wie von selbst immer neue an, gerade wie innerhalb der Stadt das unearned increment der Bodenrente dem Besitzer durch die bloße Hebung des Verkehrs ganz von selbst wachsende Gewinne zuführt.

An diesem Punkt setzt sich die Quantität des Lebens sehr unmittelbar in Qualität und Charakter um.

Die Lebenssphäre der Kleinstadt ist in der Hauptsache in und mit ihr selbst beschlossen.

Für die Großstadt ist dies entscheidend, daß ihr Innenleben sich in Wellenzügen über einen weiten nationalen oder internationalen Bezirk erstreckt.

Weimar ist keine Gegeninstanz, weil eben diese Bedeutung seiner an einzelne Persönlichkeiten geknüpft war und mit ihnen starb, während die Großstadt gerade durch ihre wesentliche Unabhängigkeit selbst von den bedeutendsten Einzelpersönlichkeiten charakterisiert wird – das Gegenbild und der Preis der Unabhängigkeit, die der Einzelne innerhalb ihrer genießt.

Das bedeutsamste Wesen der Großstadt liegt in dieser funktionellen Größe jenseits ihrer physischen Grenzen: und diese Wirksamkeit wirkt wieder zurück und gibt ihrem Leben Gewicht, Erheblichkeit, Verantwortung.

Wie ein Mensch nicht zu Ende ist mit den Grenzen seines Körpers oder des Bezirkes, den er mit seiner Tätigkeit unmittelbar erfüllt, sondern erst mit der Summe der Wirkungen, die sich von ihm aus zeitlich und räumlich erstrecken: so besteht auch eine Stadt erst aus der Gesamtheit der über ihre Unmittelbarkeit hinausreichenden Wirkungen.

Dies erst ist ihr wirklicher Umfang, in dem sich ihr Sein ausspricht.

Dies weist schon darauf hin, die individuelle Freiheit, das logische und historische Ergänzungsglied solcher Weite, nicht nur im negativen Sinne zu verstehen, als bloße Bewegungsfreiheit und Wegfall von Vorurteilen und Philistrositäten; ihr Wesentliches ist doch, daß die Besonderheit und Unvergleichbarkeit, die schließlich jede Natur irgendwo besitzt, in der Gestaltung des Lebens zum Ausdruck komme.

Daß wir den Gesetzen der eigenen Natur folgen und dies ist doch Freiheit – wird uns und anderen erst dann ganz anschaulich und überzeugend, wenn die Äußerungen dieser Natur sich auch von denen anderer unterscheiden; erst unsere Unverwechselbarkeit mit anderen erweist, daß unsere Existenzart uns nicht von anderen aufgezwungen ist.

Die Städte sind zunächst die Sitze der höchsten wirtschaftlichen Arbeitsteilung; sie erzeugen darin so extreme Erscheinungen, wie in Paris den einträglichen Beruf des Quatorzième: Personen, durch Schilder an ihren Wohnungen kenntlich, die sich zur Dinerstunde in angemessenem Kostüm bereit halten, um schnell herangeholt zu werden, wo sich in einer Gesellschaft 13 am Tisch befinden.

Genau im Maße ihrer Ausdehnung bietet die Stadt immer mehr die entscheidenden Bedingungen der Arbeitsteilung: einen Kreis, der durch seine Größe für eine höchst mannigfaltige Vielheit von Leistungen aufnahmefähig ist, während zugleich die Zusammendrängung der Individuen und ihr Kampf um den Abnehmer den Einzelnen zu einer Spezialisierung der Leistung zwingt, in der er nicht so leicht durch einen anderen verdrängt werden kann.

Das Entscheidende ist, daß das Stadtleben den Kampf für den Nahrungserwerb mit der Natur in einen Kampf um den Menschen verwandelt hat, daß der umkämpfte Gewinn hier nicht von der Natur, sondern vom Menschen gewährt wird.

Denn hierin fließt nicht nur die eben angedeutete Quelle der Spezialisierung, sondern die tiefere: der Anbietende muß in dem Umworbenen immer neue und eigenartigere Bedürfnisse hervorzurufen suchen.

Die Notwendigkeit, die Leistung zu spezialisieren, um eine noch nicht ausgeschöpfte Erwerbsquelle, eine nicht leicht ersetzbare Funktion zu finden, drängt auf Differenzierung, Verfeinerung, Bereicherung der Bedürfnisse des Publikums, die ersichtlich zu wachsenden personalen Verschiedenheiten innerhalb dieses Publikums führen müssen.

Und dies leitet zu der im engeren Sinne geistigen Individualisierung seelischer Eigenschaften über, zu der die Stadt im Verhältnis ihrer Größe Veranlassung gibt.

Eine Reihe von Ursachen liegt auf der Hand.

Zunächst die Schwierigkeit, in den Dimensionen des großstädtischen Lebens die eigene Persönlichkeit zur Geltung zu bringen.

Wo die quantitative Steigerung von Bedeutung und Energie an ihre Grenze kommen, greift man zu qualitativer Besonderung, um so, durch Erregung der Unterschiedsempfindlichkeit, das Bewußtsein des sozialen Kreises irgendwie für sich zu gewinnen: was dann schließlich zu den

tendenziösesten Wunderlichkeiten verführt, zu den spezifisch großstädtischen Extravaganzen des Apartseins, der Kaprice, des Pretiösentums, deren Sinn gar nicht mehr in den Inhalten solchen Benehmens, sondern nur in seiner Form des Andersseins, des Sich-Heraushebens und dadurch Bemerklichwerdens liegt – für viele Naturen schließlich noch das einzige Mittel, auf dem Umweg über das Bewußtsein der anderen irgend eine Selbstschätzung und das Bewußtsein einen Platz auszufüllen, für sich zu retten.

In demselben Sinne wirkt ein unscheinbares, aber seine Wirkungen doch wohl merkbar summierendes Moment: die Kürze und Seltenheit der Begegnungen, die jedem Einzelnen mit dem anderen – verglichen mit dem Verkehr der kleinen Stadt – gegönnt sind.

Denn hierdurch liegt die Versuchung, sich pointiert, zusammengedrängt, möglichst charakteristisch zu geben, außerordentlich viel näher, als wo häufiges und langes Zusammenkommen schon für ein unzweideutiges Bild der Persönlichkeit im anderen sorgen.

Der tiefste Grund indes, aus dem grade die Großstadt den Trieb zum individuellsten persönlichen Dasein nahelegt – gleichviel ob immer mit Recht und immer mit Erfolg – scheint mir dieser.

Die Entwicklung der modernen Kultur charakterisiert sich durch das Übergewicht dessen, was man den objektiven Geist nennen kann, über den subjektiven, d. h., in der Sprache wie im Recht, in der Produktionstechnik wie in der Kunst, in der Wissenschaft wie in den Gegenständen der häuslichen Umgebung ist eine Summe von Geist verkörpert, deren täglichem Wachsen die geistige Entwicklung der Subjekte nur sehr unvollständig und in immer weiterem Abstand folgt.

Übersehen wir etwa die ungeheure Kultur, die sich seit 1oo Jahren in Dingen und Erkenntnissen, in Institutionen und Komforts verkörpert hat, und vergleichen wir damit den Kulturfortschritt der Individuen in derselben Zeit – wenigstens in den höheren Ständen – so zeigt sich eine erschreckende Wachstumsdifferenz zwischen beiden, ja in manchen Punkten eher ein Rückgang der Kultur der Individuen in Bezug auf Geistigkeit, Zartheit, Idealismus.

Diese Diskrepanz ist im wesentlichen der Erfolg wachsender Arbeitsteilung; denn eine solche verlangt vom Einzelnen eine immer einseitigere Leistung, deren höchste Steigerung seine Persönlichkeit als ganze oft genug verkümmern läßt.

Jedenfalls, dem Überwuchern der objektiven Kultur ist das Individuum weniger und weniger gewachsen.

Vielleicht weniger bewußt, als in der Praxis und in den dunklen Gesamtgefühlen, die ihr entstammen, ist es zu einer quantité négligeable herabgedrückt, zu einem Staubkorn gegenüber einer ungeheuren Organisation von Dingen und Mächten, die ihm alle Fortschritte, Geistigkeiten, Werte allmählich aus der Hand spielen und sie aus der Form des subjektiven in die eines rein objektiven Lebens überführen.

Es bedarf nur des Hinweises, daß die Großstädte die eigentlichen Schauplätze dieser, über alles Persönliche hinauswachsenden Kultur sind.

Hier bietet sich in Bauten und Lehranstalten, in den Wundern und Komforts der raumüberwindenden Technik, in den Formungen des Gemeinschaftslebens und in den sichtbaren Institutionen des Staates eine so überwältigende Fülle kristallisierten, unpersönlich gewordenen Geistes, daß die Persönlichkeit sich sozusagen dagegen nicht halten kann.

Das Leben wird ihr einerseits unendlich leicht gemacht, indem Anregungen, Interessen, Ausfüllungen von Zeit und Bewußtsein sich ihr von allen Seiten anbieten und sie wie in einem Strome tragen, in dem es kaum noch eigener Schwimmbewegungen bedarf.

Andererseits aber setzt sich das Leben doch mehr und mehr aus diesen unpersönlichen Inhalten und Darbietungen zusammen, die die eigentlich persönlichen Färbungen und Unvergleichlichkeiten verdrängen wollen; so daß nun gerade, damit dieses Persönlichste sich rette, es ein Äußerstes an Eigenart und Besonderung aufbieten muß; es muß dieses übertreiben, um nur überhaupt noch hörbar, auch für sich selbst, zu werden.

Die Atrophie der individuellen durch die Hypertrophie der objektiven Kultur ist ein Grund des grimmigen Hasses, den die Prediger des äußersten Individualismus, Nietzsche voran, gegen die Großstädte hegen, aber auch ein Grund, weshalb sie gerade in den Großstädten so leidenschaftlich geliebt sind, grade dem Großstädter als die Verkünder und Erlöser seiner unbefriedigtsten Sehnsucht erscheinen.

Indem man diese beiden Formen des Individualismus, die von den quantitativen Verhältnissen der Großstadt genährt werden: die individuelle Unabhängigkeit und die Ausbildung persönlicher Sonderart – nach ihrer geschichtlichen Stellung fragt, gewinnt die Großstadt einen ganz neuen Wert in der Weltgeschichte des Geistes.

Das 18.Jahrhundert fand das Individuum in vergewaltigenden, sinnlos gewordenen Bindungen politischer und agrarischer, zünftiger und religiöser Art vor – Beengungen, die dem Menschen gleichsam eine unnatürliche Form und längst ungerechte Ungleichheiten aufzwangen.

In dieser Lage entstand der Ruf nach Freiheit und Gleichheit – der Glaube an die volle Bewegungsfreiheit des Individuums in allen sozialen und geistigen Verhältnissen, die sogleich in allen den gemeinsamen edlen Kern würde hervortreten lassen, wie die Natur ihn in jeden gelegt und Gesellschaft und Geschichte ihn nur verbildet hätten.

Neben diesem Ideal des Liberalismus wuchs im 19.Jahrhundert, durch Goethe und die Romantik einerseits, die wirtschaftliche Arbeitsteilung andererseits, das weitere auf: die von den historischen Bindungen befreiten Individuen wollen sich nun auch von einander unterscheiden.

Nicht mehr der »allgemeine Mensch« in jedem Einzelnen, sondern gerade qualitative Einzigkeit und Unverwechselbarkeit sind jetzt die Träger seines Wertes.

In dem Kampf und den wechselnden Verschlingungen dieser beiden Arten, dem Subjekte seine Rolle innerhalb der Gesamtheit zu bestimmen, verläuft die äußere wie die innere Geschichte unserer Zeit.

Es ist die Funktion der Großstädte, den Platz für den Streit und für die Einungsversuche beider herzugeben, indem ihre eigentümlichen Bedingungen sich uns als Gelegenheiten und Reize für die Entwicklung beider offenbart haben.

Damit gewinnen sie einen ganz einzigen, an unübersehbaren Bedeutungen fruchtbaren Platz in der Entwicklung des seelischen Daseins, sie enthüllen sich als eines jener großen historischen Gebilde, in denen sich die entgegengesetzten, das Leben umfassenden Strömungen wie zu gleichen Rechten zusammenfinden und entfalten.

Damit aber treten sie, mögen ihre einzelnen Erscheinungen uns sympathisch oder antipathisch berühren, ganz aus der Sphäre heraus, der gegenüber uns die Attitüde des Richters ziemte.

Indem solche Mächte in die Wurzel wie in die Krone des ganzen geschichtlichen Lebens eingewachsen sind, dem wir in dem flüchtigen Dasein einer Zelle angehören – ist unsere Aufgabe nicht, anzuklagen oder zu verzeihen, sondern allein zu verstehen.Der Inhalt dieses Vortrags geht seiner Natur nach nicht auf eine anzuführende Literatur zurück. Begründung und Ausführung seiner kulturgeschichtlichen Hauptgedanken ist in meiner »Philosophie des Geldes« gegeben.

Exkurs über das Problem: Wie ist Gesellschaft möglich?

Kant konnte die fundamentale Frage seiner Philosophie: Wie ist Natur möglich? — nur stellen und nur beantworten, weil für ihn Natur nichts andres war als die Vorstellung von der Natur.

Dies bedeutet nicht etwa nur, dass »die Welt meine Vorstellung ist«, dass wir also auch von Natur nur soweit sprechen können, wie sie ein Inhalt unseres Bewusstseins ist; sondern, was wir Natur nennen, ist eine besondre Art, auf die unser Intellekt die Sinnesempfindungen zusammensetzt, anordnet, formt.

Diese »gegebenen« Empfindungen, des Farbigen und Schmeckbaren, der Töne und der Temperaturen, der Widerstände und der Gerüche, die in der zufälligen Folge subjektiven Erlebens unser Bewusstsein durchziehen, sind für sich noch nicht »Natur«, sondern sie werden es durch die Aktivität des Geistes, der sie zu Gegenständen und Reihen derselben zu Substanzen und Eigenschaften, zu ursächlichen Verknüpftheiten zusammen stellt.

Wie uns die Elemente der Welt unmittelbar gegeben sind, besteht nach Kant unter ihnen nicht diejenige Verbindung, die allein aus ihnen die verständliche, gesetzmäßige Einheit der Natur macht, oder richtiger: die eben das Natursein jener an sich inkohärenten und regellos auftauchenden Weltfragmente bedeutet.

So wächst das Kantische Weltbild in dem eigentümlichsten Widerspiel: unsre Sinneseindrücke sind ihm rein subjektiv, da sie von der physisch-psychischen Organisation, die bei andern Wesen eine andre sein könnte, und von der Zufälligkeit ihrer Erregungen abhängen, aber sie werden zu »Objekten«, indem sie von den Formen unsres Intellekts aufgenommen, durch diese zu festen Regelmässigkeiten und zu einem zusammenhängenden Bild der »Natur« gestaltet werden; andrerseits aber sind jene Empfindungen doch das real Gegebene, der unabänderlich hinzunehmende Inhalt der Welt und die Gewähr für ein von uns unabhängiges Sein, so dass nun grade jene intellektuellen Formungen ihrer zu Objekten, Zusammenhängen, Gesetzlichkeiten als subjektiv erscheinen, als das von uns Mitgebrachte gegenüber dem, was wir vom Dasein empfangen, als die Funktionen des Intellektes selbst, die, selbst unveränderlich, aus einem andern Sinnesmaterial eine inhaltlich andre Natur gebildet hätten.

Natur ist für Kant eine bestimmte Art des Erkennens, ein durch unsre Erkenntniskategorien und in ihnen erwachsendes Bild.

Die Frage also: wie ist Natur möglich? — d. h. welches sind die Bedingungen, die vorliegen müssen, damit es eine Natur gebe — löst sich ihm durch die Aufsuchung der Formen, die das Wesen unsres Intellekts ausmachen und damit die Natur als solche zustande bringen.

Es würde nahe liegen, die Frage nach den apriorischen Bedingungen, auf Grund deren Gesellschaft möglich ist, in analoger Weise zu behandeln.

Denn auch hier sind individuelle Elemente gegeben, die in gewissem Sinne auch immer in ihrem Auseinander bestehen bleiben, wie die Sinnesempfindungen es tun, und ihre Synthese zu der Einheit einer Gesellschaft nur durch einen Bewusstseinsprozess erfahren, der das individuelle Sein des einzelnen Elementes mit dem des andern in bestimmten Formen nach bestimmten Regeln in Beziehung setzt.

Die entscheidende Differenz der Einheit einer Gesellschaft gegen die Natureinheit aber ist diese: dass die letztere — für den hier vorausgesetzten Kantischen Standpunkt — ausschließlich in dem betrachtenden Subjekt zustande kommt, ausschließlich von ihm an und aus den an sich unverbundenen Sinneselementen erzeugt wird, wogegen die gesellschaftliche Einheit von ihren Elementen, da sie bewusst und synthetisch aktiv sind, ohne weiteres realisiert wird und keines Betrachters bedarf.

Jener Satz Kants: Verbindung könne niemals in den Dingen liegen, da sie nur vom Subjekte zustande gebracht wird, gilt für die gesellschaftliche Verbindung nicht, die sich vielmehr tatsächlich in den "Dingen" — welche hier die individuellen Seelen sind — unmittelbar vollzieht.

Auch sie bleibt natürlich als Synthese, etwas rein seelisches und ohne Parallele mit Raumgebilden und deren Wechselwirkungen.

Aber die Vereinheitlichung bedarf hier keines Faktors außerhalb ihrer Elemente, da jedes von diesen die Funktion übt, die dem Äußeren gegenüber die seelische Energie des Beschauers ausführt: das Bewusstsein, mit den andern eine Einheit zu bilden, ist hier tatsächlich die ganze zur Frage stehende Einheit.

Dies bedeutet natürlich einerseits nicht das abstrakte Bewusstsein des Einheitsbegriffes, sondern die unzähligen singulären Beziehungen, das Gefühl und Wissen um dies Bestimmen und Bestimmtwerden dem andern gegenüber und schliesst anderseits ebenso wenig aus, dass etwa ein beobachtender Dritter außerdem auch noch zwischen den Personen eine nur in ihm begründete Synthese, wie zwischen räumlichen Elementen, vollzieht.

Welcher Bezirk des äußerlich-anschaulichen Seins zu einer Einheit zusammenzufassen ist, das ergibt sich nicht aus seinem unmittelbaren und schlechthin objektiven Inhalt, sondern wird durch die Kategorien des Subjekts und von seinen Erkenntnisbedürfnissen her bestimmt.

Die Gesellschaft aber ist die objektive, des in ihr nicht mitbegriffenen Beschauers unbedürftige Einheit.

Die Dinge in der Natur sind einerseits weiter auseinander als die Seelen; die Einheit des einen Menschen mit dem andern, die im Verstehen, in der Liebe, im gemeinsamen Werk liegt — zu ihr gibt es in der räumlichen Welt, in der jedes Wesen seinen mit keinem andern teilbaren Raum einnimmt, überhaupt keine Analogie.

Andrerseits' aber gehen die Stücke des räumlichen Seins in dem Bewusstsein des Beschauers zu einer Einheit zusammen, die nun wieder von dem Zusammen der Individuen nicht erreicht wird.

Denn dadurch, dass die Gegenstände der Synthese hier selbständige Wesen, seelische Zentren, personale Einheiten sind, wehren sie sich gegen jenes absolute Zusammengehen in der Seele eines andern Subjektes, dem die »Selbstlosigkeit« der unbeseelten Dinge sich fügen muss.

So ist eine Anzahl von Menschen realiter in viel höherem, idealiter aber in viel geringerem Maße eine Einheit, als Tisch, Stühle, Sofa, Teppich und Spiegel »eine Zimmereinrichtung« bilden oder Fluss, Wiese, Bäume, Haus »eine Landschaft« oder auf einem Gemälde »ein Bild« sind. — In ganz andrem Sinne als die äussre Welt ist die Gesellschaft »meine Vorstellung«, d. h. auf die Aktivität des Bewusstseins gestellt.

Denn die andre Seele hat für mich eben dieselbe Realität wie ich selbst, eine Realität, die sich von der eines materiellen Dinges sehr unterscheidet.

Wenn Kant noch so sehr versichert, dass die räumlichen Objekte genau die gleiche Sicherheit hätten wie meine eigne Existenz, so können mit der letzteren nur die einzelnen Inhalte; meines subjektiven Lebens gemeint sein; denn die Grundlage des Vorstellens überhaupt, das Gefühl des seienden Ich hat eine Unbedingtheit und Unerschütterlichkeit, die von keiner einzelnen Vorstellung eines materiellen Äußerlichen erreicht wird.

Aber eben diese Sicherheit hat für uns, begründbar oder nicht, auch die Tatsache des Du und als Ursache oder als Wirkung dieser Sicherheit fühlen wir das Du als etwas von unsrer Vorstellung seiner Unabhängiges, etwas, das genau so für sich ist, wie unsre eigne Existenz.

Dass dieses Für sich des Andern uns nun dennoch nicht verhindert, ihn zu unsrer Vorstellung zu machen, dass etwas, das durchaus nicht in unser Vorstellen aufzulösen ist, dennoch zum Inhalt, also zum Produkt dieses Vorstellens wird — das ist das tiefste, psychologisch-erkenntnistheoretische Schema und Problem der Vergesellschaftung.

Innerhalb des eignen Bewusstseins unterscheiden wir sehr genau zwischen der Fundamentalität des Ich, der Voraussetzung alles Vorstellens, die an der nie ganz zu beseitigenden Problematik seiner Inhalte nicht Teil hat-und diesen Inhalten, die sämtlich mit ihrem Kommen und Gehen, ihrer Bezweifelbarkeit und Korrigierbarkeit, sich als bloße Produkte jener absoluten und letzten Kraft und Existenz unsres seelischen Seins überhaupt darstellen.

Auf die andre Seele aber, obgleich wir sie schließlich doch auch vorstellen, müssen wir eben diese Bedingungen oder vielmehr: Unbedingtheiten des eignen Ich übertragen, sie hat für uns jenes äußerste Realitätsmaß, das unser Selbst seinen Inhalten gegenüber besitzt und von dem wir sicher sind, dass es auch jener andern Seele ihren Inhalten gegenüber zukommt.

Unter diesen Umständen hat die Frage: wie ist Gesellschaft möglich? — einen völlig andern methodischen Sinn als die: wie ist Natur möglich?

Denn auf die letztere antworten die Erkenntnisformen, durch die das Subjekt die Synthese gegebener Elemente zur »Natur« vollzieht, auf die erstere aber die in den Elementen selbst a priori gelegenen Bedingungen, durch die sie sich real zu der Synthese "Gesellschaft" verbinden.

In gewissem Sinne ist der gesamte Inhalt dieses Buches, wie er sich auf Grund des vorange-stellten Prinzips entwickelt, der Ansatz zur Beantwortung dieser Frage.

Denn es sucht die, schließlich in Individuen sich vollziehenden, Vorgänge auf die das Gesell-schafts-Sein dieser bedingen — nicht als zeitlich vorangehende Ursachen für dieses Resultat, sondern als Teilvorgänge der Synthese, die wir zusammenfassend die Gesellschaft nennen.

Allein die Frage ist noch in einem fundamentaleren Sinne zu verstehen.

Ich sagte, dass die Funktion, die synthetische Einheit zu vollziehen, die der Natur gegenüber in dem anschauenden Subjekt ruht, der Gesellschaft gegenüber auf die Elemente eben dieser selbst übergegangen wäre.

Das Bewusstsein, Gesellschaft zu bilden, ist zwar nicht *in abstracto* dem Einzelnen gegen-wärtig, aber immerhin weiß jeder den andern als mit ihm verbunden, so sehr dieses Wissen um den andern als den Vergesellschafteten, dieses Erkennen des ganzen Komplexes als einer Gesellschaft — so sehr dieses Wissen und Erkennen sich nur an einzelnen, konkreten Inhalten zu vollziehen pflegt.

Vielleicht aber verhält sich dies nicht anders als »die Einheit des Erkennens«, nach der wir zwar in den Bewusstseinsprozessen, einen konkreten Inhalt dem andern zuordnend, verfahren, ohne doch von ihr selbst anders als in seltnen und späten Abstraktionen ein gesondertes Be-wusstsein zu haben.

Nun ist die Frage: was liegt denn ganz allgemein und *a priori* zum Grunde, welche Voraus-setzungen müssen wirksam sein, damit die einzelnen, konkreten Vorgänge im individuellen Be-wusstsein wirklich Sozialisierungsprozesse seien, welche Elemente sind in ihnen enthalten, die es ermöglichen, dass ihre Leistung, abstrakt ausgesprochen, die Herstellung einer gesellschaft-lichen Einheit aus den Individuen ist?

Die soziologischen Apriontäten werden dieselbe doppelte Bedeutung haben, wie diejenigen, die die Natur »möglich machen«: sie werden einerseits, vollkommener oder mangelhafter, die wirklichen Vergesellschaftungsvorgänge bestimmen, als Funktionen oder Energien des seelischen Verlaufes; andrerseits sind sie die ideellen, logischen Voraussetzungen der perfekten, wenngleich in dieser Perfektion vielleicht niemals realisierten Gesellschaft wie das Kausalgesetz einerseits in den tatsächlichen Erkenntnisprozessen lebt und wirkt, andrerseits die Form der Wahrheit, als des idealen Systems vollendete Erkenntnisse, bildet, unabhängig davon, ob diese durch jene zeitliche, relativ zufällige seelische Dynamik realisiert wird oder nicht und unabhängig von der größeren oder geringeren Annäherung der im Bewusstsein wirklichen Wahrheit an jene ideell gültige.

Es ist eine bloße Titelfrage, ob die Untersuchung dieser Bedingungen des Sozialisierungspro-zesses erkenntnistheoretisch heißen soll oder nicht, da doch das aus ihnen sich erhebende, von ihren Formen normierte Gebilde nicht Erkenntnisse, sondern praktische Prozesse und Seins-zustande sind.

Allein dennoch ist, was ich hier meine und was als der generelle Begriff der Vergesellschaf-tung auf seine Bedingungen geprüft werden soll, etwas Erkenntnisartiges: das Bewusstsein, sich zu vergesellschaften oder vergesellschaftet zu sein.

Vielleicht würde man es besser ein Wissen als ein Erkennen nennen. Denn das Subjekt steht hier nicht einem Objekt gegenüber, von dem es allmählich ein theoretisches Bild gewönne, sondern jenes Bewusstsein der Vergesellschaftung ist unmittelbar deren Träger oder innere Be-deutung.

Es handelt sich um die Prozesse der Wechselwirkung, die für das Individuum die — zwar nicht abstrakte, aber doch des abstrakten Ausdrucks fähige —Tatsache bedeuten, vergesellschaf-tet zu sein.

Welche Formen zum Grunde liegen müssen, oder: welche spezifischen Kategorien der Mensch gleichsam mitbringen muss, damit dieses Bewusstsein entstehe, und welches deshalb die Formen sind, die das entstandene Bewusstsein — die Gesellschaft als eine Wissenstatsache — tragen muss, dies kann man wohl die Erkenntnistheorie der Gesellschaft nennen.

Ich versuche im folgenden, einige dieser, als apriorisch wirkende Bedingungen oder Formen der Vergesellschaftung — die freilich nicht wie die Kantischen Kategorien mit einem Worte benennbar sind — als Beispiel solcher Untersuchung zu skizzieren.

1. Das Bild, das ein Mensch vom andern aus der persönlichen Berührung gewinnt, ist durch gewisse Verschiebungen bedingt, die nicht einfache Täuschungen aus unvollständiger Erfahrung, mangelnder Sehschärfe, sympathischen oder antipathischen Vorurteilen sind, sondern prinzipielle Änderungen der Beschaffenheit des realen Objekts. Und zwar gehen diese zunächst nach zwei Dimensionen.

Wir sehen den andern in irgendeinem Maße verallgemeinert.

Vielleicht, weil es uns nicht gegeben ist, eine von der unsern abweichende Individualität völlig in uns zu repräsentieren.

Jedes Nachbilden einer Seele ist durch die Ähnlichkeit mit ihr bestimmt, und obgleich diese keineswegs die einzige Bedingung des seelischen Erkennens ist — da einerseits eine gleichzeitige Ungleichheit erforderlich scheint, um Distanz und Objektivität zu gewinnen, andrerseits eine intellektuelle Fähigkeit die sich jenseits der Gleichheit oder Nicht-Gleichheit des Seins hält — so würde das vollkommene Erkennen dennoch eine vollkommene Gleichheit voraussetzen.

Es scheint, als hätte jeder Mensch einen tiefsten Individualitätspunkt in sich, der von keinem andern, bei dem dieser Punkt qualitativ abweichend ist, innerlich nachgeformt werden kann.

Und dass diese Forderung mit jener Distanz und objektiven Beurteilung, auf denen das Vorstellen des andern außerdem ruht, schon logisch nicht vereinbar ist, beweist eben nur, dass das vollkommene Wissen um die Individualität des andern uns versagt ist; und von den wechselnden Maßen dieses Mangels sind alle Verhältnisse der Menschen untereinander bedingt.

Welches nun aber auch seine Ursache sei, seine Folge ist jedenfalls eine Verallgemeinerung des seelischen Bildes vom andern, ein Verschwimmen der Umrisse, das der Einzigkeit dieses Bildes eine Beziehung zu andern zufügt.

Wir stellen jeden Menschen, mit besonderer Folge für unser praktisches Verhalten zu ihm als den Typus Mensch vor, zu dem seine Individualität ihn gehören lasst, wir denken ihn neben all seiner Singularität, unter einer allgemeinen Kategorie die ihn freilich nicht völlig deckt und die er nicht völlig deckt — durch welch letztere Bestimmung sich dies Verhältnis von dem zwischen dem Allgemeinbegriff und der unter ihn gehörigen Einzelheit unterscheidet.

Um den Menschen zu erkennen, sehen wir ihn nicht nach seiner reinen Individualität, sondern getragen, erhoben oder auch erniedrigt durch den allgemeinen Typus, unter den wir ihn rechnen.

Selbst wenn diese Umwandlung so unmerklich ist, dass wir sie unmittelbar nicht mehr erkennen können, selbst dann, wenn all die gewöhnlichen charakterologischen Oberbegriffe: moralisch oder unmoralisch, frei oder gebunden., herrisch oder sklavenhaft usw. versagen — innerlich benennen wir den Menschen doch nach einem wortlosen Typus, mit dem sein reines Fürsichsein nicht zusammenfällt.

Und dies führt noch eine Stufe weiter hinab. Grade aus der völligen Einzigkeit einer Persönlichkeit formen wir ein Bild ihrer, das mit ihrer Wirklichkeit nicht identisch ist, aber dennoch nicht ein allgemeiner Typus ist, vielmehr das Bild, das er zeigen würde, wenn er sozusagen ganz er selbst wäre, wenn er nach der guten oder schlechten Seite hin die ideelle Möglichkeit, die in jedem Menschen ist, realisierte.

Wir alle sind Fragmente, nicht nur des allgemeinen Menschen sondern auch unser selbst.

Wir sind Ansätze nicht nur zu dem Typus Mensch überhaupt, nicht nur zu dem Typus des Guten und des Bösen u. dgl., sondern wir sind auch Ansätze zu der - prinzipiell nicht mehr benennbaren - Individualität und Einzigkeit unser selbst, die wie mit ideellen Linien gezeichnet unsre wahrnehmbare Wirklichkeit umgibt.

Dieses Fragmentarische aber ergänzt der Blick des andern zu dem, was wir niemals rein und ganz sind.

Er kann gar nicht die Fragmente nur nebeneinander sehen, die wirklich gegeben sind, sondern wie wir den blinden Fleck in unserem Sehfelde ergänzen, dass man sich seiner gar nicht bewusst wird, so machen wir aus diesem Fragmentarischen die *Vollständigkeit* seiner Individualität.

Die Praxis des Lebens drängt darauf, das Bild des Menschen nur aus den realen Stoffen, die wir von ihm empirisch wissen, zu gestalten, aber gerade sie ruht auf jenen Veränderungen und Ergänzungen, auf der Umbildung jener gegebenen Fragmente zu der Allgemeinheit eines Typus und zu der Vollständigkeit der ideellen Persönlichkeit.

Dieses prinzipielle, wenngleich in Wirklichkeit selten bis zur Vollkommenheit durchgeführte Verfahren wirkt nun innerhalb der schon bestehenden Gesellschaft als das A priori der weiteren, zwischen Individuen sich entspinnenden Wechselwirkungen.

Innerhalb eines Kreises, der in irgendeiner Gemeinsamkeit des Berufes oder der Interessen zusammengehört, sieht jedes Mitglied jedes andre nicht rein empirisch, sondern auf Grund eines A priori, das dieser Kreis jedem an ihm teilhabenden Bewusstsein auferlegt.

In den Kreisen der Offiziere, der kirchlich Gläubigen, der Beamten, der Gelehrten, der Familienmitglieder sieht jeder den andern unter der selbstverständlichen Voraussetzung: dieser ist ein Mitglied meines Kreises.

Es gehen von der gemeinsamen Lebensbasis gewisse Suppositionen aus, durch die man sich gegenseitig wie durch einen Schleier erblickt.

Dieser freilich verhüllt nicht einfach die Eigenart der Persönlichkeit aber er gibt ihr, indem ihr ganz individuell-realer Bestand mit jenem zu einem einheitlichen Gebilde verschmilzt, eine neue Form.

Wir sehen den andern nicht schlechthin als Individuum, sondern als Kollegen oder Kameraden oder Parteigenossen, kurz als Mitbewohner derselben besonderen Welt, und diese unvermeidliche, ganz automatisch wirksame Voraussetzung ist eines der Mittel, seine Persönlichkeit und Wirklichkeit in der Vorstellung des andern auf die von seiner Soziabilität erforderte Qualität und Form zu bringen.

Dies gilt ersichtlich auch für das Verhältnis der Zugehörigen verschiedener Kreise zueinander.

Der Bürgerliche, der einen Offizier kennen lernt, kann sich gar nicht davon freimachen, dass dieses Individuum ein Offizier ist.

Und obgleich das Offizier-Sein zu dieser Individualität gehören mag, so doch nicht in der schematisch gleichen Art, wie es in der Vorstellung des andern, ihr Bild präjudiziert.

Und so geht es dem Protestanten gegenüber dem Katholiken, dem Kaufmann gegenüber dem Beamten, dem Laien gegenüber dem Priester usw. überall liegen hier Verschleierungen der Realitätslinie durch die soziale Verallgemeinerung vor, die die Entdeckung jener innerhalb einer sozial entschieden differenzierten Gesellschaft prinzipiell ausschließen.

So findet der Mensch in der Vorstellung des Menschen Verschiebungen, Abzüge und Ergänzungen — da die Verallgemeinerung immer zugleich mehr und weniger ist als die Individualität — von all diesen a priori wirksamen Kategorien her: von seinem Typus als Mensch, von der Idee seiner eignen Vollendung, von der sozialen Allgemeinheit her, der er zugehört.

Über alledem schwebt, als heuristisches Prinzip des Erkennens, der Gedanke seiner realen, schlechthin individuellen Bestimmtheit, aber indem es scheint, als ob erst der Gewinn dieser die ganz richtig fundamentierte Beziehung zu ihm ergäbe, sind tatsächlich jene Veränderungen und Neugestaltungen, die diese ideale Erkenntnis seiner hindern, grade die Bedingungen, durch die die Beziehungen, die wir allein als die gesellschaftlichen kennen, möglich werden — ungefähr wie bei Kant die Kategorien des Verstandes, die die unmittelbaren Gegebenheiten zu ganz neuen Objekten formen, doch allein die gegebene Welt zu einer erkennbaren machen.

2. Eine andre Kategorie, unter der die Subjekte sich selbst und sich gegenseitig erblicken, damit sie, so geformt, die empirische Gesellschaft ergeben können, lässt sich mit dem trivial erscheinenden Satz formulieren: dass jedes Element einer Gruppe nicht nur Gesellschaftsteil, sondern ausserdem noch etwas ist.

Als soziales A priori wirkt dies, insofern der der Gesellschaft nicht zugewandte oder in ihr nicht aufgehende Teil des Individuums nicht einfach beziehungslos neben seinem sozial bedeutsamen liegt, nicht nur ein Außerhalb der Gesellschaft ist, für das sie, willig oder widerwillig, Raum gibt; sondern dass der Einzelne mit gewissen Seiten nicht Element der Gesellschaft ist, bildet die positive Bedingung dafür, dass er es mit andern Seiten seines Wesens ist: die Art seines Vergesellschaftet-Seins ist bestimmt oder mitbestimmt durch die Art seines Nicht-Vergesellschaftet-Seins.

Die späteren Untersuchungen werden einige Typen ergeben, deren soziologische Bedeutung sogar in ihrem Kern und Wesen dadurch fixiert ist, dass sie von der Gesellschaft, für die ihre Existenz bedeutsam ist, grade irgendwie ausgeschlossen sind: so bei dem Fremden, bei dem Feinde, bei dem Verbrecher, sogar bei dem Armen.

Dies gilt aber nicht nur für solche generellen Charaktere, sondern, in unzähligen Modifikationen, für jegliche individuelle Erscheinung. dass jeder Augenblick uns von Beziehungen zu Menschen umfasst findet und sein Inhalt von diesen direkt oder indirekt bestimmt ist, spräche durchaus nicht dagegen, sondern die soziale Umfassung als solche betrifft eben Wesen, die nicht völlig von ihr umfasst sind.

Wir wissen von dem Beamten, dass er nicht nur Beamter, von dem Kaufmann, dass er nicht nur Kaufmann, von dem Offizier, dass er nicht nur Offizier ist, und dieses außersoziale Sein, sein Temperament und der Niederschlag seiner Schicksale, seine Interessiertheiten und der Wert seiner Persönlichkeit, so wenig es die Hauptsache der beamtenhaften kaufmännischen, militärischen Betätigungen abändern mag, gibt ihm doch für jeden ihm Gegenüberstehenden jedes Mal eine bestimmte Nuance und durchflicht sein soziales Bild mit aussersozialen Imponderabilien.

Der ganze Verkehr der Menschen innerhalb der gesellschaftlichen Kategorien wäre ein andrer, wenn ein jeder dem andern nur als das gegenüberträte, was er in seiner jeweiligen Kategorie, als Träger der ihm grade jetzt zufallenden sozialen Rolle ist.

Freilich unterscheiden sich die Individuen ebenso wie die Berufe wie die sozialen Situationen danach, welches Maß jenes »Außerdem« sie zugleich mit ihrem sozialen Inhalt besitzen oder zulassen.

Den einen Pol dieser Reihe bildet etwa der Mensch in der Liebe oder in der Freundschaft, hier kann das, was das Individuum für sich reserviert, jenseits der dem andern zugewendeten Entwicklungen und Betätigungen, sich quantitativ dem Grenzwert Null nähern, es ist nur ein einziges Leben vorhanden, das gleichsam von zwei Seiten her betrachtet werden kann oder gelebt wird: einmal von der Innenseite, von dem *terminus a quo* des Subjekts her, dann aber, als das ganz ungeänderte, nach der Richtung des geliebten Menschen hin unter der Kategorie seines *terminus ad quem*, die es restlos aufnimmt.

Unter ganz andrer Tendenz bietet der katholische Priester das formal gleiche Phänomen, in dem seine kirchliche Funktion sein individuelles Fürsichsein völlig überdeckt und verschlingt.

In dem ersten dieser extremen Fälle verschwindet das "Außerdem" der soziologischen Aktivität, weil sein Inhalt gänzlich in der Hinwendung zu dem Gegenüber aufgegangen ist, in dem zweiten, weil der entsprechende Typus von Inhalten überhaupt prinzipiell verschwunden ist.

Den Gegenpol nun zeigen etwa die Erscheinungen der modernen, geldwirtschaftlich bestimmten Kultur, in der der Mensch als produzierender, als kaufender oder verkaufender, überhaupt als irgendein leistender, sich dem Ideal der absoluten Objektivität nähert; abgesehen von ganz hohen, führenden Positionen, ist das individuelle Leben, der Ton der Gesamtpersönlichkeit, aus der Leistung verschwunden, die Menschen sind nur die Träger einer nach objektiven Normen erfolgenden Ausgleichung von Leistung und Gegenleistung, und alles, was nicht in diese reine Sachlichkeit hineingehört, ist auch tatsächlich aus ihr verschwunden.

Das "Außerdem" hat die Persönlichkeit mit ihrer Sonderfärbung, ihrer Irrationalität, ihrem inneren Leben völlig in sich aufgenommen und jenen gesellschaftlichen Betätigungen nur die für sie spezifischen Energien in reinlicher Abtrennung überlassen.

Zwischen diesen Extremen bewegen sich die sozialen Individuen, immer so, dass die dem inneren Zentrum zugekehrten Energien und Bestimmtheiten irgendeine Bedeutung für die dem andern geltenden Betätigungen und Gesinnungen aufweisen.

Denn - im Grenzfall - sogar das Bewusstsein, diese soziale Aktivität oder Stimmung sei etwas von dem übrigen Menschen Geschiedenes, und trete mit dem, was er sonst ist und bedeutet, in die soziologische Beziehung eben nicht ein — selbst dieses Bewusstsein ist von durchaus positivem Einfluss auf die Attitüde, die das Subjekt den andern gegenüber und die andern ihm gegenüber einnehmen.

Das Apriori des empirischen sozialen Lebens ist, dass das Leben nicht ganz sozial ist, wir formen unsre Wechselbeziehungen nicht nur unter der negativen Reserve eines in sie nicht eintretenden Teiles unsrer Persönlichkeit: dieser Teil wirkt nicht nur durch allgemeine psychologische Verknüpfungen überhaupt auf die sozialen Vorgänge in der Seele ein, sondern grade die formale Tatsache, dass er außerhalb der letzteren steht, bestimmt die Art dieser Einwirkung.

— Auch ruht darauf, dass die Gesellschaften Gebilde aus Wesen sind, die zugleich innerhalb und außerhalb ihrer stehen, eine der wichtigsten soziologischen Formungen: dass nämlich zwischen einer Gesellschaft und ihren Individuen ein Verhältnis wie zwischen zwei Parteien bestehen kann, ja vielleicht, offener oder latenter, immer besteht.

Damit erzeugt die Gesellschaft vielleicht die bewussteste, mindestens die allgemeinste Ausgestaltung einer Grundform des Lebens überhaupt: dass die individuelle Seele nie innerhalb einer Verhindung stehen kann, außerhalb deren sie nicht zugleich steht, dass sie in keine Ordnung eingestellt ist, ohne sich zugleich ihr gegenüber zu finden.

Dies geht von den transzendenten und allerallgemeinsten Zusammenhängen bis zu den singulärsten und zufälligsten.

Der religiöse Mensch fühlt sich von dem göttlichen Wesen völlig umfasst, als wäre er nur ein Pulsschlag des göttlichen Lebens, seine eigne Substanz ist vorbehaltlos, ja in mystischer Unterschiedslosigkeit in die des Absoluten hingegeben.

Und dennoch, um dieser Einschmelzung auch nur einen Sinn zu geben, muss er irgendein Selbst-Sein bewahren, irgendein personales Gegenüber, ein gesondertes Ich, dem die Auflösung in dies göttliche All-Sein eine unendliche Aufgabe ist, ein Prozess nur, der weder metaphysisch möglich noch religiös fühlbar wäre, wenn er nicht von einem des Subjekts ausginge: das Eins-Sein mit Gott ist in seiner Bedeutung durch das Anders Sein als Gott bedingt.

Jenseits dieser Aufgipfelung zum Transzendenten zeigt die Beziehung, die sich der menschliche Geist durch seine ganze Geschichte hindurch zu der Natur als einem Ganzen vindiziert, die gleiche Form.

Wir wissen uns einerseits in die Natur eingegliedert, als eines ihrer Produkte, das neben jedem andern als Gleiches unter Gleichen steht, ein Punkt, den ihre Stoffe und Energien erreichen und verlassen, wie sie durch das strömende Wasser und die blühende Pflanze kreisen.

Und doch hat die Seele das Gefühl eines von all diesen Verschlingungen und Einbeziehungen unabhängigen Fürsichseins, das man mit dem logisch so unsichern Begriff der Freiheit bezeichnet, all diesem Getriebe, dessen Element wir doch selbst sind, ein Gegenüber und Paroli bietend das sich zu dem Radikalismus: die Natur ist nur eine Vorstellung in menschlichen Seelen-aufgipfelt.

Wie aber hier die Natur, mit all ihrer unleugbaren Eigengesetzlichkeit und harten Wirklichkeit dennoch in das Ich eingeschlossen wird – so ist andrerseits dieses Ich, mit all seiner Freiheit und Fürsichsein, seinem Gegensatz gegen die bloße Natur, doch ein Glied ihrer; das eben ist der übergreifende Naturzusammenhang, dass er dieses gegen ihn selbständige, ja oft genug feindselige Wesen mitumfasst, dass das, was seinem tiefsten Lebensgefühl nach außerhalb seiner steht, doch sein Element sein muss.

Nicht minder nun gilt diese Formel für das Verhältnis zwischen den Individuen und den einzelnen Kreisen seiner gesellschaftlichen Bindungen, oder, wenn man diese zu dem Begriff oder Gefühl des Vergesellschaftetseins überhaupt zusammenfasst, für das Verhältnis der Individuen schlechthin.

Wir wissen uns einerseits als Produkte der Gesellschaft: die physiologische Reihe der Vorfahren, ihre Anpassungen und Fixierungen, die Traditionen ihrer Arbeit, ihres Wissens und Glaubens, der ganze, in objektiven Formen kristallisierte Geist der Vergangeneit — bestimmen die Anlagen und die Inhalte unseres Lebens, so dass die Frage entstehen konnte, ob der Einzelne denn überhaupt etwas andres wäre als ein Gefäss, in dem sich zuvor bestehende Elemente in wechselnden Maßen mischen; denn wenn diese Elemente auch schließlich von Einzelnen produziert wären, so sei der Beitrag eines jeden eine verschwindende Große und erst durch ihr gattungsmässiges und gesellschaftliches Zusammenkommen erzeugten sich die Faktoren, in deren Synthese dann wieder die angebbare Individualität bestünde.

Andrerseits wissen wir uns als ein Glied der Gesellschaft, mit unsrem Lebensprozess und seinem Sinn und Zweck ebenso unselbständig in ihr Nebeneinander verwebt, wie dort in ihr Nacheinander.

So wenig wir als Naturwesen ein Fürunssein haben, weil die Kreisung der natürlichen Elemente durch uns wie durch völlig selbstlose Gebilde hindurchgeht und die Gleichheit vor den Naturgesetzen unser Dasein ohne Rest in ein bloßes Beispiel ihrer Notwendigkeiten auflöst — so wenig leben wir als Gesellschaftswesen um ein autonomes Zentrum herum, sondern sind Augenblick für Augenblick aus den Wechselbeziehungen zu andern zusammengesetzt und sind so der körperlichen Substanz vergleichbar, die für uns nur noch als die Summe vielfacher Sinneseindrücke, aber nicht als eine für sich seiende Existenz besteht.

Nun aber fühlen wir, dass diese soziale Diffusion unsre Persönlichkeit nicht vollkommen auflöst, nicht nur um die schon erwähnten Reserven handelt es sich, um einzelne Inhalte, deren Sinn und Entwicklung von vornherein nur in der Einzelseele ruht und in dem sozialen Zusammenhang überhaupt keine Stelle findet; nicht nur um die Formung der sozialen Inhalte deren Einheit als Individualseele nicht selbst wieder gesellschaftlichen Wesens ist, so wenig wie die künstlerische Form, zu der die Farbflecken auf der Leinwand zusammengehen, aus dem chemischen Wesen der Farben selbst herzuleiten ist.

Sondern vor allem: der gesamte Lebensinhalt, so restlos er aus den sozialen Antezedentien und Wechselbeziehungen erklärbar sein mag ist doch zugleich unter der Kategorie des Einzellebens zu betrachten, als Erlebnis des Individuums und völlig auf dieses hin orientiert.

Beides sind nur verschiedene Kategorien, unter die der gleiche Inhalt tritt, wie eben dieselbe Pflanze einmal nach ihren biologischen Entstehungsbedingungen, ein andermal nach ihrer praktischen Verwendbarkeit, ein drittes Mal auf ihre ästhetische Bedeutung hin angesehen werden kann.

Der Standpunkt, aus dem die Existenz des Einzelnen angeordnet und begriffen wird, kann ebenso innerhalb wie außerhalb seiner genommen werden, die Totalität des Lebens, mit all seinen sozial ableitbaren Inhalten, ist ebenso als das zentripetale Schicksal seines Trägers zu fassen, wie es, mit allen seinen für das Individuum reservierten Teilen, dennoch als Produkt und Element des sozialen Lebens gelten kann.

Damit also bringt die Tatsache der Vergesellschaftung das Individuum in die Doppelstellung, von der ich ausging: dass es in ihr befasst ist und zugleich ihr gegenübersteht, ein Glied ihres Organismus und zugleich selbst ein geschlossenes organisches Ganzes, ein Sein für sie und ein Sein für sich.

Das Wesentliche aber und der Sinn des besonderen soziologischen Apriori, das sich hierin gründet, ist dies, dass das Innerhalb und das Außerhalb zwischen Individuum und Gesellschaft nicht zwei nebeneinander bestehende Bestimmungen und — obgleich sie sich gelegentlich auch so, und bis zur gegenseitigen Feindseligkeit entwickeln können-sondern dass sie die ganz einheitliche Position des sozial lebenden Menschen bezeichnen.

Seine Existenz ist nicht nur, in Aufteilung ihrer Inhalte, partiell sozial und partiell individuell; sondern sie steht unter der fundamentalen, gestaltenden, nicht weiter reduzierbaren Kategorie einer Einheit, die wir nicht anders ausdrücken können als durch die Synthese oder die Gleichzeitigkeit der beiden logisch einander entgegengesetzten Bestimmungen der Gliedstellung und

des Fürsichseins, des Produziert- und Befasstseins durch die Gesellschaft und des Lebens aus dem eignen Zentrum heraus und um des eignen Zentrums willen.

Die Gesellschaft besteht nicht nur, wie sich vorher ergab, aus Wesen, die zum Teil nicht vergesellschaftet sind, sondern aus solchen, die sich einerseits als völlig soziale Existenzen, andrerseits, den gleichen Inhalt bewahrend, als völlig personale empfinden.

Und dieses sind nicht zwei beziehungslos nebeneinanderliegende Standpunkte, wie etwa wenn man eben denselben Körper einmal auf seine Schwere hin und ein andermal auf seine Farbe hin ansieht, sondern dies beides bildet die Einheit, die wir das soziale Wesen nennen, die synthetische Kategorie-wie der Begriff der Verursachung eine apriorische Einheit ist, wenngleich er die beiden, inhaltlich ganz verschiedenen Elemente des Verursachenden und des Bewirkten einschließt.

Dass diese Formung uns zur Verfügung steht, diese Fähigkeit, aus Wesen, deren jedes sich als den *terminus a quo* und den *terminus ad quem* seiner Entwicklungen Schicksale, Qualitäten empfinden kann, den grade mit solchen rechnenden Begriff der Gesellschaft herzustellen und diesen nun als den *terminus a quo* und den *terminus ad quem* jener Lebendigkeiten und Seinsbestimmtheiten zu wissen - das ist ein Apriori der empirischen Gesellschaft, das macht ihre Form möglich, wie wir sie kennen.

3. Die Gesellschaft ist ein Gebilde aus ungleichen Elementen.

Denn selbst wo demokratische oder sozialistische Tendenzen eine »Gleichheit« planen oder teilweise erreichen, handelt es sich immer nur um Gleichwertigkeit der Personen, der Leistungen, der Positionen, während eine Gleichheit der Menschen ihren Beschaffenheiten, Lebensinhalten und Schicksalen nach gar nicht in Frage kommen kann.

Und wo andrerseits eine versklavte Bevölkerung nur Masse bildet, wie in den großen orientalischen Despotien, betrifft diese Gleichheit jedes mit jedem immer nur gewisse Seiten der Existenz, etwa die politischen oder wirtschaftlichen, niemals aber das Ganze derselben, dessen mitgebrachte Eigenschaften, personale Beziehungen, durchgelebte Schicksale nicht nur nach der Innenseite des Lebens zu, sondern auch nach seinen Wechselbeziehungen mit andern Existenzen unvermeidlich eine Art von Einzigkeit und Unverwechselbarkeit haben werden.

Stellt man sich die Gesellschaft als rein objektives Schema vor, so zeigt sie sich als eine Ordnung von Inhalten und Leistungen, die nach Raum, Zeit, Begriffen, Werten aufeinander bezogen sind und bei denen man insofern von der Personalität, von der Ichform, die ihre Dynamik trägt, absehen kann.

Wenn jene Ungleichheit der Elemente nun jede Leistung oder Qualität innerhalb dieser Ordnung als eine individuell charakterisierte, an ihrer Stelle unzweideutig festgelegte auftreten lässt, so erscheint die Gesellschaft als ein Kosmos, dessen Mannigfaltigkeit nach Sein und Bewegung zwar unübersehlich ist, in dem aber jeder Punkt nur in jener bestimmten Weise beschaffen sein und sich entwickeln kann, wenn nicht die Struktur des Ganzen geändert sein soll.

Was man von dem Bau der Welt überhaupt gesagt hat: dass kein Sandkörnchen anders geformt sein und Änderung des gesamten Daseins zur Voraussetzung und Folge hätte — das wiederholt sich an dem Bau der Gesellschaft, betrachtet als eine Verwebung qualitativ bestimmter Erscheinungen.

Eine Analogie wie in einem Miniaturbild, unendlich vereinfacht und sozusagen stilisiert, findet das so aufgenommene Bild der Gesellschaft überhaupt an einer Beamtenschaft, die als solche aus einer bestimmten Ordnung von »Positionen« besteht, einer Prädeterminiertheit von Leistungen, die, von ihren jeweiligen Trägern abgelöst, einen ideellen Zusammenhang ergeben; innerhalb dieser findet jeder neu Eintretende einen unzweideutig bestimmten Platz, der gleichsam auf ihn gewartet hat und zu dem seine Energien harmonisch sein müssen.

Was hier bewusste, systematische Festlegung von Leistungsinhalten ist, ist in der Ganzheit der Gesellschaft natürlich ein unentwirrbares Durcheinanderspielen von Funktionen, die Stellungen In ihr sind nicht durch einen konstruktiven Willen gegeben, sondern erst durch das reale Schaffen und Erleben der Individuen erfassbar.

Und trotz dieses ungeheuren Unterschiedes, trotz alles Irrationellen, Unvollkommenen, vom Wertstandpunkte aus Verwerflichen, das die historische Gesellschaft zeigt, bleibt ihre phänomenologische Struktur — die Summe und das Verhältnis der von jedem Element objektiv-gesellschaftlich gebotenen Existenzart und Leistungen — eine Ordnung von Elementen, deren jedes einen individuell bestimmten Platz einnimmt, eine Koordination von objektiv und in ihrer sozialen Bedeutung sinnvollen, wenngleich nicht immer wertvollen Funktionen und Funktionszentren, wobei das rein Personale, das innerlich Produktive, die Impulse und Reflexe des eigentlichen Ich ganz außer Betrachtung bleiben.

Oder, anders ausgedrückt: das Leben der Gesellschaft verläuft — nicht psychologisch, sondern phänomenologisch, rein auf seine sozialen Inhalte als solche angesehen — so, als ob jedes Element für seine Stelle in diesem Ganzen vorherbestimmt wäre, bei aller Disharmonie von den idealen Forderungen her, verläuft es so, als ob alle seine Glieder in einem einheitlichen Verhältnis ständen, das jeden, grade weil er dieser besondre ist, auf alle andern und alle andern auf diesen anwiese.

Von hier aus nun wird das Apriori sichtbar, von dem jetzt die Rede sein soll und das dem Einzelnen eine Grundlage und »Möglichkeit«, einer Gesellschaft zuzugehören, bedeutet.

Dass jedes Individuum durch seine Qualität von sich aus auf eine bestimmte Stelle innerhalb seines sozialen Milieus hingewiesen ist: dass diese ihm ideell zugehörige Stelle auch wirklich in dem sozialen Ganzen vorhanden ist — das ist die Voraussetzung, von der aus der Einzelne sein gesellschaftliches Leben lebt und die man als den Allgemeinheitswert der Individualität bezeichnen kann.

Sie ist unabhängig davon, dass sie sich zu klarem, begrifflichem Bewusstsein aufarbeitet, ebenso aber auch davon, ob sie in dem realen Lebensverlauf ihre Realisierung findet — wie die Apriorität des Kausalgesetzes, als einer formenden Voraussetzung des Erkennens davon unabhängig ist, ob das Bewusstsein es in gesonderten Begriffen formuliert und ob die psychologische Wirklichkeit immer ihm gemäß verfährt oder nicht.

Unser Erkenntnis leben ruht auf der Voraussetzung einer prästabilierten Harmonie zwischen unsern geistigen, wenn auch noch so individuellen Energien und dem äußern, objektiven Dasein, denn dies bleibt immer der Ausdruck des unmittelbaren Phänomens, gleichviel ob man es dann metaphysisch oder psychologisch auf die Produktion des Daseins durch den Intellekt selbst zurückführen mag.

So ist das gesellschaftliche Leben als solches auf die Voraussetzung einer grundsätzlichen Harmonie zwischen dem Individuum und dem sozialen Ganzen gestellt, so wenig dies die krassen Dissonanzen des ethischen und des eudämonistischen Lebens hindert.

Würde die soziale Wirklichkeit durch diese prinzipielle Voraussetzung hemmungslos und ohne Verfehlungen gestaltet sein, so hätten wir die vollkommene Gesellschaft — wiederum nicht in dem Sinn ethischer oder eudämonistischer Vollkommenheit, sondern begrifflicher: sozusagen nicht die *vollkommene* Gesellschaft, sondern die vollkommene *Gesellschaft*.

Soweit das Individuum dieses seiner sozialen Existenz: die durchgehende Korrelation seines individuellen Seins mit den umgebenden Kreisen, die integrierende Notwendigkeit seiner, durch sein innerpersönliches Leben bestimmten Besonderheit für das Leben des Ganzen — soweit es dieses Apriori nicht realisiert oder realisiert findet, ist es eben nicht vergesellschaftet, ist die Gesellschaft nicht die lückenlose Wechselwirksamkeit, die ihr Begriff aussagt.

Eine bewusste Zuspitzung gewinnt dieses Verhalten mit der Kategorie des Berufes.

Das Altertum hat zwar diesen Begriff im Sinne der persönlichen Differenziertheit und der arbeitsteilig gegliederten Gesellschaft nicht gekannt.

Aber was ihm zum Grunde liegt: dass das sozial wirksame Tun der einheitliche Ausdruck der inneren Qualifikation ist, dass sich das Ganze und Bleibende der Subjektivität vermöge ihrer Funktionen in der Gesellschaft praktisch objektiviert — das bestand auch im Altertum. Nur dass diese Beziehung sich an einem durchgängig gleichmässigeren Inhalt vollzog; ihr Prinzip tritt an der Aristotelischen Äußerung hervor, dass einige von ihrer Natur her zum **douleuein**, andre zum **despozeiu** bestimmt wären.

Bei höherer Ausbildung des Begriffes zeigt er die eigenartige Struktur: dass einerseits die Gesellschaft eine "Stelle" in sich erzeugt und bietet, die zwar nach Inhalt und Umriss von anderen unterschieden ist, aber doch prinzipiell von vielen ausgefüllt werden kann und dadurch sozusagen etwas Anonymes ist; und dass nun diese, trotz ihres Allgemeinheitscharakters, von dem Individuum auf Grund eines inneren »Rufes«, einer als ganz persönlich empfundenen Qualifikation ergriffen wird.

Damit es überhaupt einen "Beruf" gäbe, muss jene, wie auch immer entstandene, Harmonie zwischen dem Bau und Lebensprozess der Gesellschaft auf der einen Seite, den individuellen Beschaffenheiten und Impulsen auf der andern, vorhanden sein.

Auf ihr als allgemeiner Voraussetzung ruht schließlich die Vorstellung, dass für jede Persönlichkeit eine Position und Leistung innerhalb der Gesellschaft bestehe, zu der sie »berufen« ist, und der Imperativ, so lange zu suchen, bis man sie findet.

Die empirische Gesellschaft wird nur durch dieses, in dem Berufsbegriff aufgegipfelte Apriori »möglich«, das freilich, gleich den bisher behandelten, nicht mit einem einfachen Schlagworte zu bezeichnen ist, wie die Kantischen Kategorien es zulassen.

Die Bewusstseinsprozesse, mit denen sich Vergesellschaftung vollzieht: die Einheit aus Vielen, die gegenseitige Bestimmung der Einzelnen, die Wechselbedeutung des Einzelnen für die Totalität der andern und dieser Totalität für den Einzelnen — verlaufen unter dieser ganz prinzipiellen, nicht abstrakt bewussten aber in der Realität der Praxis sich ausdrückenden Voraussetzung: dass die Individualität des Einzelnen in der Struktur der Allgemeinheit eine Stelle findet, ja, dass diese Struktur gewissermaßen von vornherein, trotz der Unberechenbarkeit der Individualität, auf diese und ihre Leistung angelegt ist.

Der kausale Zusammenhang, der jedes soziale Element in das Sein und Tun jedes andern verflicht und so das äußere Netzwerk der Gesellschaft zustande bringt, verwandelt sich in einen teleologischen, sobald man ihn von den individuellen Trägern her betrachtet, von seinen Produzenten, die sich als Ichs fühlen und deren Verhalten aus dem Boden der für sich seienden, sich selbst bestimmenden Persönlichkeit wächst.

Dass jene phänomenale Ganzheit sich dem Zweck dieser, gleichsam von außen an sie herantretenden Individualitäten fügt, dem von innen bestimmten Lebensprozess dieser die Stätte bietet, an der seine Besonderheit zu einem notwendigen Glied in dem Leben des Ganzen wird — dies gibt, als eine fundamentale Kategorie, dem Bewusstsein des Individuums die Form, die es zu einem sozialen Elemente designiert.

Das Geheimnis und die geheime Gesellschaft

Alle Beziehungen von Menschen untereinander ruhen selbstverständlich darauf, daß sie etwas voneinander wissen.

Der Kaufmann weiß, daß sein Kontrahent so billig wie möglich kaufen und so teuer wie möglich verkaufen will; der Lehrer weiß, daß er dem Schüler eine gewisse Qualität und Quantität an Lernstoff zumuten kann; innerhalb jeder Gesellschaftsschicht weiß der Einzelne, welches ungefähre Bildungsmaß er bei jedem andern vorauszusetzen hat - und offenbar würden ohne solches Wissen die hiermit berührten Wirkungen zwischen Mensch und Mensch überhaupt nicht stattfinden können. An allen Verhältnissen persönlich differenzierter Art entwickelt sich - wie man mit leicht ersichtlichen Vorbehalten sagen kann - Intensität und Färbung in dem Maße, in dem jeder Teil sich dem andren durch Worte und Leben offenbart.

Wieviel Irrtum und bloßes Vorurteil in all diesem Kennen stecken mag, steht dahin. Wie aber unser Erkennen der äußeren Natur gegenüber neben seinen Täuschungen und Unzulänglichkeiten doch soweit Wahrheit erwirbt, wie für Leben und Fortschritt unserer Gattung erforderlich ist, so kennt jeder den andren, mit dem er zu tun hat, im großen und ganzen insoweit richtig, daß Verkehr und Verhältnis möglich wird.

Daß man weiß, mit wem man zu tun hat, ist die erste Bedingung, überhaupt mit jemandem etwas zu tun zu haben; die übliche gegenseitige Vorstellung bei irgend länger dauernder Unterhaltung oder bei der Begegnung auf dem gleichen gesellschaftlichen Boden ist, so sehr sie als hohle Form erscheint, ein zutreffendes Symbol jenes gegenseitigem Kennens, das ein Apriori jeder Beziehung ist.

Dem Bewußtsein verbirgt sich dies vielfach, weil wir für eine außerordentlich große Zahl von Beziehungen nur die ganz typischen Tendenzen und Qualitäten gegenseitig vorhanden zu wissen brauchen, die in ihrer Notwendigkeit gewöhnlich erst dann bemerkt werden, wenn sie einmal fehlen.

Es lohnte eine spezialistische Untersuchung, welche Art und Grad gegenseitigem Kennens für die verschiedenen Verhältnisse unter Menschen erforderlich ist; wie sich allgemeine psychologische Voraussetzungen, mit denen jeder an jeden herantritt, mit den besonderen Erfahrungen über das Individuum, das uns gegenübersteht, verflechten; wie auf manchen Gebieten das gegenseitige Kennen kein beiderseitig gleiches zu sein braucht oder sein darf; wie bestehende Verhältnisse nur durch das auf beiden Seiten oder auf einer Seite wachsende Wissen um den andren in ihrer Entwicklung bestimmt werden; endlich, umgekehrt, wie unser objektiv psychologisches Bild von dem andern durch die realen Beziehungen der Praxis und des Gemütes beeinflußt wird.

Das letztere ist durchaus nicht nur im Sinne der Fälschung gemeint.

Sondern völlig legitimerweise ist die theoretische Vorstellung von einem bestimmten Individuum eine verschiedene je nach dem Standpunkt, von dem aus sie gefaßt wird und der durch die Gesamtbeziehung des Erkennenden zum Erkannten gegeben wird.

Da man niemals einen andren absolut kennen kann, - was das Wissen um jeden einzelnen Gedanken und jede Stimmung bedeuten würde, da man sich aber doch aus den Fragmenten von ihm, in denen allein er uns zugänglich ist, eine personale Einheit formt - , so hängt die letztere von dem Teil seiner ab, den unser Standpunkt ihm gegenüber uns zu sehen gestattet.

Diese Unterschiede aber entstehen keineswegs nur durch solche in der Quantität des Erkennens.

Keine psychologische Kenntnis ist ein Abklatsch ihres Objektes, sondern jede ist, wie die der äußeren Natur, von den Formen abhängig, die der erkennende Geist mitbringt und in die er das Gegebene aufnimmt.

Diese Formen sind aber, wo es sich um die Erkenntnis von Individuum zu Individuum handelt, sehr individuell differenziert; sie bringen es nicht zu der wissenschaftlichen Allgemeinheit

und übersubjektiven Überzeugungskraft, die der äußeren Natur und den nur typischen Seelenvorgängen gegenüber erreichbar ist.

Wenn A eine andre Vorstellung von M hat, als B sie besitzt, so braucht dies durchaus nicht Unvollkommenheit oder Täuschung zu bedeuten, sondern wie A nun einmal seinem Wesen und den gesamten Umständen nach zu M steht, ist dieses Bild von M für ihn Wahrheit, ebenso wie für B ein inhaltlich abweichendes.

Es steht durchaus nicht über diesen beiden das objektiv richtige Wissen um M, von dem sie nach dem Maße ihrer Übereinstimmung mit ihm legitimiert würden.

Das Wahrheitsideal vielmehr, dem sich freilich das Bild von M in der Vorstellung von A immer nur asymptotisch nähert, ist auch als Ideal ein andres als das des B, es enthält als integrierende, gestaltende Voraussetzung die seelische Eigenart von A und das besondere Verhältnis, indas A und M durch ihre Charaktere und ihre Schicksale zueinander geraten.

Jede Beziehung zwischen Menschen läßt ein Bild des einen im andren entstehen und dieses steht ersichtlich in Wechselwirkung mit jener realen Beziehung, während sie die Voraussetzungen schafft, auf die hin die Vorstellung des einen vom andern so und so ausfällt und ihre für diesen Fall legitimierte Wahrheit besitzt, gründet sich andrerseits die reale Wechselwirkung der Individuen auf dem Bilde, das sie voneinander erwerben.

Hier liegt einer der tiefgründigen Zirkel des geistigen Lebens vor, in denen ein Element ein zweites, dieses aber jenes voraussetzt.

Während dies in engeren Gebieten ein Trugschluss ist, der das Ganze hinfällig macht, ist es auf allgemeineren und fundamentaleren der unvermeidliche Ausdruck der Einheit, zu der jene beiden Elemente zusammengehen, und die sich in unseren Denkformen nicht anders ausdrücken läßt, als durch den Aufbau des ersten auf dem zweiten und gleichzeitig des zweiten auf dem ersten.

So entwickeln sich unsere Verhältnisse auf der Basis eines gegen seitigen Wissens voneinander und dieses Wissen auf der Basis der tatsächlichen Verhältnisse, beides unlösbar ineinandergreifend und durch seine Alternierung innerhalb der soziologischen Wechselwirkung diese als einen der Punkte erweisend, an dem das Sein und das Vorstellen ihre geheimnisvolle Einheit empirisch fühlbar machen.

Unser Wissen gegenüber dem Gesamtdasein, auf dem unser Handeln sich gründet, ist durch eigentümliche Einschränkungen und Abbiegungen bezeichnet.

Daß »nur der Irrtum das Leben, das Wissen der Tod ist« kann prinzipiell natürlich nicht gelten, weil ein in fortwährenden Irrtümern befangenes Wesen fortwährend unzweckmäßig handeln und also unrettbar zugrunde gehen würde.

Dennoch ist angesichts unserer zufälligen und mangelhaften Anpassungen an unsere Lebensbedingungen kein Zweifel, daß wir nicht nur so viel Wahrheit, sondern auch so viel Nichtwissen bewahren und so viel Irrtum erwerben, wie es für unser praktisches Tun zweckmäßig ist; anhebend von den großen, das Menschheitsleben umgestaltenden Erkenntnissen, die aber ausbleiben oder unbeachtet bleiben, wenn nicht die gesamte Kulturlage diese Wendungen möglich und nützlich macht, bis zu der »Lebenslüge« des Individuums, das so oft der Täuschung über sein Können, ja, über sein Fühlen bedarf, des Aberglaubens in Hinsicht der Götter wie der Menschen, um sich in seinem Sein und seinen Leistungsmöglichkeiten zu erhalten.

In dieser psychologischen Hinsicht ist der Irrtum der Wahrheit koordiniert: die Zweckmäßigkeit des äußeren wie des inneren Lebens sorgt dafür, daß wir von dem einen wie von dem andren gerade das haben, was die Basis des für uns erforderlichen Verhaltens bildet - natürlich nur im großen und ganzen und mit einer weiten Latitüde für Schwankungen und mangelhafte Adaptationen.

Nun gibt es aber innerhalb des Objektkreises für Wahrheit und Täuschung einen bestimmten Ausschnitt, in dem beides einen sonst nirgends vorkommenden Charakter erwerben kann: das Innere des uns gegenüberstehenden Menschen, der uns die Wahrheit über sich mit Willen entweder offenbaren oder uns durch Lüge und Verheimlichung über sie täuschen kann.

Kein andres Objekt kann uns in diese Weise von sich aus aufklären oder sich verstecken, wie der Mensch es kann, weil kein andres sein Verhalten durch die Rücksicht auf sein Erkanntwerden modifiziert.

Diese Modifikation findet natürlich nicht durchgängig statt: vielfach ist uns auch der andre Mensch prinzipiell nur wie ein Stück Natur, das unserer Erkenntnis sozusagen stillhält.

Soweit dafür Äußerungen des Andren in Betracht kommen, und eben solche, die von keinem Gedanken an diese Verwertung ihrer modifiziert werden, sondern völlig unbefangene und unmittelbare Mitteilungen sind - wird ein prinzipielles Moment für die Bestimmung des Individuums durch seine Umgebung wichtig.

Man hat es für ein Problem erklärt, bzw. die weitgehendsten Folgerungen daraus gezogen, daß unser seelischer Prozeß, der rein naturhaft verläuft, doch in seinem Inhalt so gut wie immer zugleich den logischen Normen gemäß wäre; es ist in der Tat höchst merkwürdig, daß ein bloß von Naturursachen hervorgebrachtes Geschehen so vor sich geht, als ob es von den idealen Gesetzen der Logik regiert würde; denn es ist nicht anders, als ob ein Baumzweig, mit einem Telegraphenapparat so verbunden, daß seine Bewegungen im Winde diesen in Tätigkeit setzen, ihn damit zu Zeichen veranlaßte, die für uns einen vernünftigen Sinn ergeben.

Diesem eigenartigen Problem gegenüber, das als ganzes hier nicht zur Diskussion steht, ist indes das eine zu bemerken: unsere tatsächlichen, psychologischen Prozesse sind in viel geringerem Grade logisch reguliert, als es nach ihren Äußerungen scheint.

Achtet man genau auf die Vorstellungen, wie sie in der Zeitreihe kontinuierlich durch unser Bewußtsein gehen, so ist ihr Flackern, ihre Zickzackbewegungen, das Durcheinanderwirbeln sachlich zusammenhangsloser Bilder und Ideen, ihre logisch gar nicht zu rechtfertigenden, sozusagen nur probeweisen Verbindungen - alles dies ist äußerst weit von vernunftmäßiger Normiertheit entfernt; nur werden wir uns dessen nicht häufig bewußt, weil unsere Interessenakzente nur auf dem »brauchbaren« Teile unsres Vorstellungslebens liegen, weil wir dessen Sprünge, seine Unvernünftigkeiten und sein Chaos, trotz der psychologischen Tatsächlichkeit alles dieses, vor dem einigermaßen Logischen oder sonst Wertvollen rasch zu übergehen oder zu überhören pflegen.

So ist nun alles das, was wir einem Andern mit Worten oder etwa auf sonstige Weise mitteilen, auch das Subjektivste, Impulsivste, Vertrauteste, eine Auswahl aus jenem seelisch-wirklichen Ganzen, dessen nach Inhalt und Reihenfolge absolut genaue Verlautbarung jeden Menschen - wenn ein paradoxer Ausdruck erlaubt ist - ins Irrenhaus bringen würde.

Es sind nicht nur, in quantitativer Hinsicht, Bruchstücke unseres tatsächlichen Innenlebens, die wir selbst dem nächsten Menschen allein offenbaren; sondern diese sind auch nicht eine Auslese, die jene Tatsächlichkeit sozusagen *pro rata* repräsentiert, sondern eine von einem Gesichtspunkte der Vernunft, des Wertes, der Beziehung zum Hörer, der Rücksicht auf sein Verstehen aus getroffene.

Was wir auch sagen mögen, das über die Interjektion und das Mitteilungsminimum hinausgeht: wir stellen damit niemals unmittelbar und getreu dar, was nun wirklich in diesem Zeitabschnitt in uns vorgeht, sondern eine teleologisch gelenkte, aussparende und wieder zusammensetzende Umformung der inneren Wirklichkeit.

Mit einem Instinkt, der das Gegenteil automatisch ausschließt, zeigen wir niemandem den rein kausal wirklichen, vom Standpunkt der Logik, der Sachlichkeit, des Sinnes aus ganz inkohärenten und unvernünftigen Verlauf unserer Seelenvorgänge, sondern immer nur einen durch Selektion und Anordnung stilisierten Ausschnitt aus diesen; und es ist überhaupt kein andrer Verkehr und keine andre Gesellschaft denkbar, als die auf diesem teleologisch bestimmten Nichtwissen des einen um den andern beruht.

Von dieser selbstverständlichen, apriorischen, sozusagen absoluten Voraussetzung werden die relativen Unterschiede umfaßt, die wir als das aufrichtige Uns-Offenbaren und das lügenhafte Uns-Verbergen kennen.

Jede Lüge, wie sachlicher Natur auch ihr Gegenstand sei, ist ihrem inneren Wesen nach eine Irrtumserregung über das lügende Subjekt: denn sie besteht darin, daß der Lügner die wahre Vorstellung, die er besitzt, dem Andern verbirgt.

Nicht, daß der Belogene über die Sache eine falsche Vorstellung hat, erschöpft das spezifische Wesen der Lüge - das teilt sie mit dem einfachen Irrtum; sondern daß er über die innere Meinung der lügenden Person in Täuschung erhalten wird.

Wahrhaftigkeit und Lüge nun sind für die Verhältnisse der Menschen untereinander von der weittragendsten Bedeutung.

Soziologische Strukturen unterscheiden sich auf das charakteristischste durch das Maß von Lüge, das in ihnen wirksam ist.

Zunächst ist in sehr einfachen Verhältnissen die Lüge für den Bestand der Gruppe vielfach harmloser als in komplizierten.

Der primitive Mensch, in einem Kreise von geringem Umfange lebend, seine Bedürfnisse durch Eigenproduktion oder unmittelbare Kooperation beschaffend, seine geistigen Interessen auf eigene Erfahrungen oder einreihige Tradition beschränkend, übersieht und kontrolliert das Material seines Daseins leichter und vollständiger, als der Mensch höherer Kulturen.

Die unzähligen Irrtümer und Abergläubischkeiten im Leben des primitiven Menschen sind ihm zwar verderblich genug, aber lange nicht so, wie die entsprechenden in vorgeschrittenen Epochen wären, weil die Praxis seines Lebens in der Hauptsache auf jene wenigen Tatsachen und Verhältnisse eingestellt ist, von denen sein enger Gesichtskreis ihm eine richtige Ansicht unmittelbar zu gewinnen erlaubt.

Bei reicherem und weiterem Kulturleben dagegen steht das Leben auf tausend Voraussetzungen, die der Einzelne überhaupt nicht bis zu ihrem Grunde verfolgen und verifizieren kann, sondern die er auf Treu und Glauben hinnehmen muß.

In viel weiterem Umfange, als man sich klar zu machen pflegt, ruht unsre moderne Existenz von der Wirtschaft, die immer mehr Kreditwirtschaft wird, bis zum Wissenschaftsbetrieb, in dem die Mehrheit der Forscher unzählige, ihnen gar nicht nachprüfbare Resultate anderer verwenden muß, auf dem Glauben an die Ehrlichkeit des andern.

Wir bauen unsere wichtigsten Entschlüsse auf ein kompliziertes System von Vorstellungen, deren Mehrzahl das Vertrauen, daß wir nicht betrogen sind, voraussetzt.

Dadurch wird die Lüge in modernen Verhältnissen zu etwas viel Verheerenderem, die Grundlagen des Lebens viel mehr in Frage Stellendem, als es früher der Fall war.

Wenn die Lüge noch heute bei uns als eine so läßliche Sünde erschiene, wie bei den griechischen Göttern, den jüdischen Erzvätern oder den Südseeinsulanern, wenn nicht die äußerste Strenge des Moralgebotes davon abschreckte, so wäre der Aufbau des modernen Lebens schlechthin unmöglich, das in einem viel weiteren als dem ökonomischen Sinne »Kreditwirtschaft« ist.

Dieses Verhältnis der Zeiten wiederholt sich an den Distanzen andrer Dimensionen.

Je ferner dritte Personen dem Zentrum unsrer Persönlichkeit stehen, desto eher können wir uns praktisch, aber auch innerlich mit ihrer Unwahrhaftigkeit abfinden: wenn die paar nächsten Menschen uns belügen, wird das Leben unerträglich

Diese Banalität muss dennoch soziologisch hervorgehoben werden, weil sie zeigt, dass die Masse von Wahrhaftigkeit und Lüge, die mit dem Bestand von Verhältnissen verträglich sind, eine Skala bilden, an der die Intensitätsmaße dieser Verhältnisse abzulesen sind.

Zu jener relativen soziologischen Zulässigkeit der Lüge in primitiven Zuständen aber kommt eine positive Zweckmäßigkeit derselben.

Wo die erste Organisierung, Rangierung, Zentralisierung der Gruppe in Frage steht, wird sie durch Unterwerfung der Schwachen unter die körperlich und geistig überlegenen stattfinden.

Die Lüge, die sich durchsetzt, d. h. nicht durchschaut wird, ist zweifellos ein Mittel, geistige Überlegenheit zur Wirkung zu bringen und zur Lenkung und Unterdrückung der weniger Schlauen zu verwenden.

Es ist ein geistiges Faustrecht, ebenso brutal, aber gelegentlich ebenso am Platze wie das physische, sei es als Selektion zur Züchtung der Intelligenz, sei es, um einigen Wenigen, für die nun andre arbeiten müssen, die Muße zur Produktion höherer Kulturgüter zu schaffen, sei es, um den Gruppenkräften einen Anführer zu geben. je mehr diese Zwecke mit Mitteln von geringeren unerwünschten Nebenwirkungen erreicht werden, desto weniger bedarf es der Lüge und desto mehr Raum wird für das Bewußtsein ihrer ethischen Verwerflichkeit.

Dieser Prozeß ist noch keineswegs abgeschlossen.

Der Kleinhandel glaubt noch heute, gewisser lügenhafter Anpreisungen der Waren nicht entbehren zu können und übt sie deshalb mit gutem Gewissen.

Der Großhandel und das Detailgeschäft wirklich großen Stiles hat dies Stadium überwunden und kann in der Darbietung seiner Waren mit vollkommener Aufrichtigkeit verfahren.

Sobald die Betriebsart auch des kleinen und mittleren Kaufmannes die gleiche Vollkommenheit erreicht haben wird, werden die Übertreibungen und direkten Unwahrheiten in Reklame und Anempfehlung, die ihm heute im allgemeinen nicht übelgenommen werden, dieselbe ethische Verurteilung erfahren, die heute schon an den Stellen der praktischen Entbehrlichkeit jener stattfindet.

Der auf Wahrhaftigkeit gebaute Verkehr wird innerhalb einer Gruppe im allgemeinen um so angemessener sein, je mehr das Wohl der Vielen statt der Wenigen ihre Norm bildet.

Denn die Belogenen - also die durch die Lüge Geschädigten - werden immer gegenüber dem Lügner, der durch die Lüge seinen Vorteil findet, in der Mehrzahl sein.

Deshalb ist die »Aufklärung«, die auf die Beseitigung der im sozialen Leben wirksamen Unwahrheiten zielt, durchaus demokratischen Charakters.

Der Verkehr der Menschen ruht normalerweise darauf, daß ihren Vorstellungswelten gewisse Bestandteile gemeinsam sind, daß objektiv-geistige Inhalte das Material bilden, das durch ihre Beziehungen zu subjektivem Leben entwickelt wird; wovon der Typus und der wesentliche Träger die für Alle gleiche Sprache ist.

Sieht man aber näher zu, so besteht die hiermit gemeinte Basis keineswegs nur in dem, was der eine und der andere weiß, beziehungsweise, was der eine als seelischen Inhalt des anderen kennt, sondern dies ist von solchem durchwebt, was nur der eine, der andere aber nicht weiss.

Und zwar werden sich an dieser Beschränkung auch positivere Bedeutsamkeiten erweisen, als jene früheren, die sich aus dem Gegensatz der unlogisch-zufälligen Wirklichkeit des Vorstellungsverlaufes zu dem ergaben, was wir davon logisch-teleologisch auswählen, um es Andern zu offenbaren.

Die Dualistik des menschlichen Wesens, die jede Äußerung desselben aus einer Mehrheit auseinanderliegender Quellen fließen, jedes Maß gleichzeitig als ein großes und als ein kleines empfinden läßt, je nachdem es mit Kleinerem oder Größerem zusammenbetrachtet wird - diese läßt auch die, soziologischen Verhältnisse durchaus dualistisch bedingt sein: die Eintracht, Harmonie, Zusammenwirksamkeit, die als die schlechthin sozialisierenden Kräfte gelten, müssen von Distanz, Konkurrenz, Repulsion durchbrochen werden, um die wirkliche Konfiguration der Gesellschaft zu ergeben; die festen organisierenden Formen, die die Gesellschaft als solche oder zu einer solchen zu bilden scheinen, müssen fortwährend durch individualistisch-irreguläre Kräfte gestört, debalanciert, angenagt werden, um nachgebend und widerstehend die Lebendigkeit ihrer Reaktion und Entwicklung zu gewinnen; die Verhältnisse intimen Charakters, deren formaler Träger die körperlich-seelische Nähe ist, verlieren den Reiz, ja, den Inhalt ihrer Intimität, sobald das Nahverhältnis nicht, gleichzeitig und alternierend, auch Distanz und Pausen einschließt; endlich, worauf es hier ankommt: das Wissen umeinander, das die Beziehungen positiv bedingt, tut dies doch nicht schon für sich allein - sondern, wie sie nun einmal sind) setzen sie ebenso ein gewisses Nichtwissen, ein, freilich unermeßlich wechselndes Maß gegenseitiger Verborgenheit voraus.

Die Lüge ist nur eine sehr rohe, im letzten Grunde oft widerspruchsvolle Form, in der diese Notwendigkeit zutage tritt.

So oft sie ein Verhältnis zerstören mag – solange es bestand, war sie doch ein integrierendes Element seiner Beschaffenheit.

Man muß sich hüten, durch den in ethischer Hinsicht negativen Wert der Lüge über die soziologisch durchaus positive Bedeutung getäuscht zu werden, die sie in der Gestaltung gewisser konkreter Verhältnisse ausübt.

Im übrigen ist die Lüge in Bezug auf die jetzt fragliche soziologische Elementartatsache: die Einschränkung der Kenntnis des einen vom andern - hier nur eines der möglichen Mittel, die positive und sozusagen aggressive Technik, deren Zweck im allgemeinen durch bloßes Geheimhalten und Verbergen erreicht wird.

Um diese allgemeineren und negativeren Formen handelt es sich im folgenden.

Bevor das Geheimnis als bewußt gewolltes Verbergen in Frage kommt, bedarf es der Erwähnung, in wie verschiedenen Maßen verschiedene Verhältnisse die gegenseitige Kenntnis der Gesamtpersönlichkeiten außerhalb ihrer Grenzen lassen.

Von den Vereinigungen, die überhaupt noch eine direkte Wechselwirkung in sich schließen, steht hier der Zweckverband obenan - und zwar derjenige, bei dem schlechthin objektive und durch die Zugehörigkeit zum Verbande von vornherein bestimmte Leistungen der Mitglieder in Frage stehen, am entschiedensten also in der Form der reinen Geldbeiträge.

Hier beruht die Wechselwirksamkeit, der Zusammenhalt, die gemeinsame Zweckverfolgung durchaus nicht darauf, daß einer den andern psychologisch kenne.

Der Einzelne ist als Mitglied der Gruppe aus schließlich der Träger einer bestimmten Leistung, und welche individuellen Motive ihn zu dieser bestimmen oder welche Gesamtpersönlichkeit sein Handeln überhaupt trägt, ist hier völlig gleichgültig.

Der Zweckverband ist die schlechthin diskrete soziologische Formung, seine Teilnehmer sind in psychologischer Hinsicht anonym und brauchen, um die Vereinigung zu bilden, voneinander eben nur zu wissen) daß sie sie bilden.

Die steigende Objektivierung ergreift auch die soziologischen Gebilde; so Vereinigungen, in die früher der ganze und individuelle Mensch eintrat und die infolgedessen ein gegenseitigem Kennen über den unmittelbaren Sachgehalt der Beziehung hinaus forderten, jetzt auf diesen, reinlich herausdifferenzierten, ausschließlich gestellt sind

Damit gewinnt auch jene Vor- oder Nachform des Wissens um einen Menschen: das Vertrauen zu ihm - ersichtlich eine der wichtigsten synthetischen Kräfte innerhalb der Gesellschaft - eine besondere Evolution.

Vertrauen, als die Hypothese künftigen Verhaltens, die sicher genug ist, um praktisches Handeln darauf zu gründen, ist als Hypothese ein mittlerer Zustand zwischen Wissen und Nichtwissen um den Menschen.

Der völlig Wissende braucht nicht zu vertrauen, der völlig Nichtwissende kann vernünftigerweise nicht einmal vertrauen.[1]

Welche Maße von Wissen und Nichtwissen sich mischen müssen, um die einzelne, auf das Vertrauen gebaute praktische Entscheidung zu ermöglichen, das unterscheidet die Zeitalter, die Interessengebiete, die Individuen.

Jene Objektivierung der Kultur hat die zum Vertrauen erforderlichen Wissens- und Nichtwissensquanta entschieden differenziert.

Der Kaufmann, der mit dem andren ein Geschäft entriert, - der Gelehrte, der mit einem andren zusammen eine Untersuchung unternimmt; der Führer einer politischen Partei, der mit dem einer andren ein Abkommen über Wahlgelegenheiten oder die Behandlung von Gesetzesvorschlägen trifft - alle diese wissen, von Ausnahmen und Unvollkommenheiten abgesehen, über ihren Partner genau das, was zu wissen für die zu knüpfende Beziehung erforderlich ist.

Die Traditionen und Institutionen, die Macht der öffentlichen Meinung und die Umschriebenheit der Stellung, die den Einzelnen unentrinnbar präjudiziert, sind so fest und zuverlässig geworden, daß man von dem andren nur gewisse Äußerlichkeiten zu wissen braucht, um das für die gemeinsame Aktion erforderliche Zutrauen zu haben.

Das Fundament an persönlichen Qualitäten, von dem prinzipiell eine Modifikation des Verhaltens innerhalb der Beziehung ausgehen könnte, kommt nicht mehr in Betracht, die Motivierung und Regulierung dieses Verhaltens hat sich so versachlicht, daß das Vertrauen nicht mehr der eigentlich personalen Kenntnis bedarf.

In primitiveren, weniger differenzierten Verhältnissen wußte man von seinem Partner sehr viel mehr - in persönlicher Hinsicht - und sehr viel weniger in Bezug auf die rein sachliche Zuverlässigkeit.

Beides gehört zusammen: um angesichts des Mangels in letzterer Hinsicht das erforderliche Vertrauen zu erzeugen, bedurfte es eines viel höheren Maßes des Wissens in ersterer.

Jenes rein generelle, nur das Sachliche an der Person betreffende Kennen ihrer, von dessen Grenze an ihr Persönlich-Individuelles ihr Geheimnis bleiben kann, muß sich nun erheblich durch das Kennen dieses Persönlichen ergänzen, sobald die Zweckvereinigung eine wesentliche Bedeutung für die Gesamtexistenz der Teilnehmer besitzt.

Der Kaufmann, der einem andren Getreide oder Petroleum verkauft, braucht nur zu wissen, ob dieser für den Betrag gut ist; sobald er aber einen andren zum Associé nimmt, muß er nicht nur die Vermögenslage und gewisse ganz allgemeine Qualitäten desselben kennen, sondern muß ihn als Persönlichkeit weitgehend durchschauen, muß seine Anständigkeit, seine Verträglichkeit, sein wagendes oder zagendes Temperament kennen; und auf solcher - gegenseitiger - Kenntnis ruht nicht nur das Eingehen des Verhältnisses sondern seine gesamte Fortsetzung, die täglichen gemeinsamen Aktionen, die Funktionsteilung unter den Kompagnons.

Das Geheimnis der Persönlichkeit ist jetzt soziologisch beschränkter, es ist ihr bei der Breite, in der das Gemeinsamkeitsinteresse von den persönlichen Beschaffenheiten getragen ist, kein so weitgehendes Fürsichsein mehr gestattet.

Jenseits der Zweckvereinigungen, aber ebenso jenseits der in der ganzen Persönlichkeit wurzelnden Verhältnisse, steht die soziologisch höchst eigentümliche Beziehung, die man in den höheren Kulturschichten jetzt als die »Bekanntschaft« schlechthin bezeichnet.

Daß man sich gegenseitig »kennt«, bedeutet in diesem Sinne durchaus nicht, daß man sich gegenseitig kennt, d. h. einen Einblick in das eigentlich Individuelle der Persönlichkeit habe; sondern nur, daß jeder sozusagen von der Existenz des andren Notiz genommen habe.

Charakteristischerweise wird dem Begriff der Bekanntschaft schon durch die Namennennung, die »Vorstellung«, genügt: die Kenntnis des "Daß", nicht des "Was" der Persönlichkeit bedingt die "Bekanntschaft".

Indem man aussagt, mit einer bestimmten Person bekannt, ja selbst gut bekannt zu sein, bezeichnet man doch sehr deutlich den Mangel eigentlich intimer Beziehungen; man kennt vom Andern unter dieser Rubrik nur das, was er nach außen hin ist- entweder im rein gesellschaftlich-repräsentativen Sinn, oder so, daß man eben nur kennt, was der andre uns zeigt; der Grad des Kennens, den das »Gut-miteinander-Bekanntsein« einschließt, bezieht sich gleichsam nicht auf das »An-Sich« des andren, nicht auf das, was in der innerlichen Schicht, sondern nur was in der dem Andern und der Welt zugewandten wesentlich ist.

Deshalb ist die Bekanntschaft in diesem gesellschaftlichen Sinne der eigentliche Sitz der "Diskretion.

Denn diese besteht keineswegs nur in dem Respekt vor dem Geheimnis des Andren, vor seinem direkten Willen, uns dies oder jenes zu verbergen; sondern schon darin, daß man sich von der Kenntnis alles dessen am Andren fernhält, was er nicht positiv offenbart.

Es handelt sich hier prinzipiell nicht um Bestimmtes, das man nicht wissen darf, sondern um die ganz allgemeine, der Gesamtpersönlichkeit gegenüber geübte Reserve, und um eine Spezialform des typischen Gegensatzes der Imperative: was nicht verboten ist, ist erlaubt, und: was nicht erlaubt ist, ist verboten.

So scheiden sich die Verhältnisse der Menschen an der Frage des Wissens um einander: was nicht verborgen wird, darf gewußt werden, und: was nicht offenbart wird, darf auch nicht gewußt werden.

Die letztere Entscheidung entspricht der auch sonst wirkungsvollen Empfindung, daß um jeden Menschen eine ideelle Sphäre liegt, nach verschiedenen Richtungen und verschiedenen Personen gegenüber freilich ungleich groß, in die man nicht eindringen kann, ohne den Persönlichkeitswert des Individuums zu zerstören.

Einen solchen Bezirk legt die Ehre um den Menschen; sehr fein bezeichnet die Sprache eine Ehrenkränkung als »zu nahe Treten«, der Radius jener Sphäre sozusagen bezeichnet die Distanz, deren Überschreitung durch eine fremde Persönlichkeit die Ehre kränkt.

Eine andre Sphäre der gleichen Form entspricht dem, was man als die »Bedeutung« einer Persönlichkeit bezeichnet.

Dem »bedeutenden« Menschen gegenüber besteht ein innerer Zwang zum Distanzhalten, der selbst im intimen Verhältnis mit ihm nicht ohne weiteres verschwindet und der nur für denjenigen nicht vorhanden ist, der kein Organ zur Wahrnehmung der Bedeutung hat.

Darum existiert jene Distanzsphäre nicht für den »Kammerdiener«, weil es für ihn keinen »Helden« gibt, was aber nicht an dem Helden, sondern am dem Kammerdiener liegt.

Darum ist auch alle Zudringlichkeit mit einem auffallenden Mangel an Gefühl für die Bedeutungsunterschiede der Menschen verbunden; wer einer bedeutenden Persönlichkeit gegenüber zudringlich ist, schätzt sie nicht - wie es oberflächlich scheinen könnte, - hoch oder zu hoch, sondern umgekehrt, er offenbart damit gerade das Fehlen der eigentlichen Achtung.

Wie der Maler die Bedeutsamkeit einer Gestalt in einem viel figurigen Bilde oft dadurch nachdrücklich macht, daß er die andren in einem erheblichen Abstand um sie herum anordnet, so ist auch das soziologische Gleichnis der Bedeutung die Distanz, die den andren außerhalb einer bestimmten, von der Persönlichkeit mit ihrer Macht, ihrem Willen, ihrer Größe ausgefüllten Sphäre hält.

Ein derartiger, wenn auch ganz anders wertbetonter Umkreis umgibt den Menschen, besetzt mit seinen Angelegenheiten und Beschaffenheiten, in die durch Kenntnisnahme einzudringen, eine Verletzung seiner Persönlichkeit bedeutet.

Wie das materielle Eigentum gleichsam eine Ausdehnung des Ich ist - Besitz ist eben, was dem Willen des Besitzers gehorcht, wie, in nur gradueller Unterschiedenheit, der Leib, der unser erster »Besitz« ist - und wie deshalb jeder Eingriff in den Besitzstand als eine Vergewaltigung der Persönlichkeit empfunden wird, so gibt es ein geistiges Privateigentum, dessen Vergewaltigung eine Lädierung des Ich in seinem Zentrum bewirkt.

Diskretion ist nichts andres als das Rechtsgefühl in bezug auf die Sphäre der unmittelbaren Lebensinhalte.

Natürlich ist auch sie in ihrer Lage nach verschiedenen Persönlichkeiten hin sehr verschieden ausgedehnt, wie auch die der Ehre und des Eigentums den »nahe« stehenden Personen gegenüber einen ganz andren Radius haben, als den Fremden und Gleichgültigen.

Bei den vorhin behandelten, im engeren Sinne gesellschaftlichen Beziehungen, wie man sie am einfachsten als »Bekanntschaften« bezeichnet, handelt es sich zunächst um eine ganz typische Grenze, jenseits deren vielleicht gar keine gehüteten Geheimnisse liegen, über die aber der Andre konventionell-diskreterweise nicht durch Fragen oder sonstige Invasionen hindringt.

Die Frage, wo diese Grenze liegt, ist selbst nur prinzipiell keineswegs einfach zu beantworten, sondern führt in das feinste Gefüge der gesellschaftlichen Formung hinab.

Es kann nämlich das Recht jenes geistigen Privateigentums ebensowenig im absoluten Sinne bejaht werden, wie das des materiellen.

Wir wissen, daß das letztere innerhalb höherer Kultur nach den drei wesentlichen Seiten: Erwerb, Sicherung, Fruktifizierung - niemals auf den bloß eigenen Kräften des Individuums steht, sondern dazu der Zustände und Kräfte des gesellschaftlichen Milieus bedarf, und daß deshalb seine Einschränkung - sei es durch den Erwerb betreffende Prohibitionen, sei es durch Besteuerung - von vornherein das Recht des Ganzen ist; aber dieses Recht ist noch tiefer gegründet, als

auf dem Prinzip der Leistung und Gegenleistung zwischen Gesellschaft und Individuum, näm-
lich auf dem viel elementareren, daß der Teil sich so viel Einschränkung seines Fürsichseins
und -habens gefallen lassen muß, wie die Erhaltung und die Zwecke des Ganzen erfordern.

Und dies gilt auch für die innere Sphäre des Menschen.

Denn im Interesse des Verkehrs und des sozialen Zusammenhaltes muß der Eine vom Andren
gewisse Dinge wissen, und dieser Andre hat nicht das Recht, sich vom moralischen Standpunkt
aus dagegen zur Wehr zu setzen und die Diskretion des Ersten, d. h. den ungestört eigenen Be-
sitz seines Seins und Bewußtseins auch da zu verlangen, wo die Diskretion die gesellschaftlichen
Interessen schädigen würde.

Der Geschäftsmann, der mit einem andren langsichtige Verpflichtungen kontrahiert, die
Herrschaft, die einen Dienstboten engagiert, aber auch dieser letztere, bevor er sich in das
Dienstverhältnis begibt; der Vorgesetzte, der einen Untergebenen avancieren läßt; die Hausfrau,
die eine neue Persönlichkeit in ihren Geselligkeitskreis aufnimmt - alle diese müssen berechtigt
sein, von der Vergangenheit und Gegenwart des fraglichen Andren, von seinem Temperament
und seiner moralischen Beschaffenheit alles das zu erfahren oder zu kombinieren, woraufhin
sich die Aktion ihm gegenüber oder ihre Ablehnung vernünftigerweise gründen läßt.

Dies sind ganz grobe Fälle, in denen die Diskretionspflicht: auf die Kenntnis alles dessen,
was der Andre uns nicht freiwillig zeigt, zu verzichten - vor den Erfordernissen für die Praxis
zurücktreten muß.

Aber in feineren und weniger eindeutigen Formen, in fragmentarischen Ansätzen und Un-
ausgesprochenheiten ruht der ganze Verkehr der Menschen darauf, daß jeder vom andren etwas
mehr weiß, als dieser ihm willentlich offenbart, und vielfach solches, dessen Erkanntwerden
durch den andren, wenn jener es wüßte, ihm unerwünscht wäre.

Während dies im individuellen Sinne als Indiskretion gelten kann, im sozialen aber erforder-
lich ist, als Bedingung für die bestehende Enge und Lebhaftigkeit des Verkehrs - ist die Rechts'
grenze dieses Einbruchs in das geistige Privateigentum außerordentlich schwer zu ziehen.

Im allgemeinen spricht der Mensch sich das Recht zu, alles das zu wissen, was er, ohne
Anwendung äußerer illegaler Mittel, rein durch psychologische Beobachtung und Nachdenken
ergründen kann.

Tatsächlich aber kann die auf diese Weise geübte Indiskretion ebenso gewalttätig und mora-
lisch unzulässig sein, wie das Horchen an verschlossenen Türen und das Hinschielen auf fremde
Briefe.

Für den psychologisch Feinhörigen verraten die Menschen unzählige Male ihre geheimsten
Gedanken und Beschaffenheiten, nicht nur obgleich, sondern oft gerade weil sie ängstlich be-
müht sind, sie zu hüten.

Das gierige, spionierende Auffangen jedes unbedachten Wortes, die bohrende Reflexion: was
dieser Tonfall wohl zu bedeuten habe, wozu jene Äußerungen sich kombinieren ließen, was
das Erröten bei der Nennung eines bestimmten Namens wohl verrate - alles dies überschreitet
die Grenze der äußerlichen Diskretion nicht, ist durchaus die Arbeit des eigenen Intellekts
und darum ein scheinbar unbestrittenes Recht des Subjektes; und dies um so mehr, als ein
derartiger Mißbrauch der psychologischen Überlegenheit oft völlig unwillkürlich eintritt - wir
können unserer Interpretation des Andren, der Konstruktion seiner Innerlichkeit, oft gar nicht
Einhalt tun.

So sehr der anständige Mensch sich jenes Nachgrübeln über die Verborgenheit eines Andren,
jene Ausnutzung seiner Unvorsichtigkeiten und Hilflosigkeiten verbieten wird, so vollzieht sich
ein Erkenntnisprozeß dieses Gebietes oft so automatisch, sein Resultat steht oft so plötzlich
und unübersehbar vor uns, daß der gute Wille gar nichts dagegen tun kann.

Wo das zweifellos Unerlaubte so doch unvermeidlich sein kann, ist die Abgrenzung zwischen
Erlaubtem und Unerlaubtem um so undeutlicher.

Wie weit die Diskretion sich auch der geistigen Antastung »alles dessen, was sein ist« zu ent-
halten hat, wie weit die Interessen des Verkehrs, das Aufeinander-Angewiesensein der Glieder

derselben Gruppe diese Diskretionspflichteinschränken - das ist eine Frage, zu deren Beantwortung weder der sittliche Takt noch der Überblick, über die objektiven Verhältnisse und ihre Forderungen allein genügt, da vielmehr beides durchaus zusammenwirken muß.

Die Feinheit und Komplikation dieser Frage weist sie in viel höherem Grade auf die individuelle, durch keine generelle Norm zu präjudizierende Entscheidung, als es einer solchen für die Frage nach dem Privateigentum im materiellen Sinne bedarf.

Dieser Vorform oder dieser Ergänzung des Geheimnisses gegenüber, in der nicht das Verhalten des Geheimhaltenden, sondern das eines Andern in Frage steht, in der bei der Mischung gegenseitigen Kennens oder Nichtkennens der Akzent mehr auf dem Maß des ersteren als des letzteren liegt - ihr gegenüber kommen wir zu einer ganz neuen Wendung: in denjenigen Verhältnissen nämlich, die nicht wie die bisherigen um fest umschriebene und, wenn auch nur durch die Tatsache ihrer bloßen »Oberflächlichkeit«, sachlich festzulegendes Interessen zentrieren, sondern die sich, mindestens ihrer Idee nach, auf der ganzen Breite der Persönlichkeiten aufbauen.

Die hauptsächlichen Typen sind hier Freundschaft und Ehe.

Soweit das Freundschaftsideal von der Antike her aufgenommen und eigentümlicherweise gerade im romantischen Sinne fortgebildet worden ist, geht es auf eine absolute seelische Vertrautheit, das Seitenstück dazu, daß den Freunden auch der materielle Besitz gemeinsam sein soll.

Dieses Eintreten des ganzen, ungeteilten Ich in das Verhältnis mag in der Freundschaft deshalb plausibler sein als in der Liebe, weil ihr die einseitige Zuspitzung auf ein Element fehlt, die die Liebe durch ihre Sinnlichkeit erfährt.

Freilich findet dadurch, daß in dem Gesamtumfang möglicher Verbindungsgründe einer gleichsam die Tête nimmt, eine gewisse Organisierung derselben statt, wie sie einer Gruppe durch die Führerschaft zuteil wird.

Ein sehr starkes Beziehungsmoment bricht oft die Bahn, auf der ihm die andern, ohne dieses latent gebliebenen, folgen; und unleugbar öffnet bei den meisten Menschen die geschlechtliche Liebe die Tore der Gesamtpersönlichkeit am weitesten, ja, bei nicht wenigen ist die Liebe die einzige Form, in der sie ihr ganzes Ich geben können, wie dem Künstler die Form seiner jeweiligen Kunst die einzige Möglichkeit bietet, sein ganzes Inneres darzubieten.

Besonders häufig dürfte dies bei Frauen beobachtet werden, - freilich soll auch die ganz anders gemeinte »christliche Liebe« das Entsprechende leisten - daß sie nicht nur, weil sie lieben, ihr sonstiges Sein und Haben rückhaltlos hingeben, sondern daß dieses gleichsam in der Liebe chemisch gelöst wird und nur und ganz in deren Färbung, Gestalt, Temperatur auf den andern überfließt.

Andrerseits aber, wo das Liebesgefühl nicht expansiv genug, die übrigen Seeleninhalte nicht bildsam genug sind, kann, wie ich andeutete, das Überwiegen der erotischen Verbindungslinie die übrigen, sowohl praktisch-sittlichen wie geistigen Berührungen, das Sich-öffnen der jenseits des Erotischen liegenden Reservoire der Persönlichkeit unterdrücken.

Die Freundschaft, der diese Heftigkeit, aber auch diese häufige Ungleichmäßigkeit der Hingabe fehlt, mag eher den ganzen Menschen mit dem ganzen Menschen verbinden, mag eher die Verschlossenheiten der Seele, zwar nicht so stürmisch, aber in breiterem Umfang und längerem Nacheinander lösen.

Solche völlige Vertrautheit dürfte indes mit der wachsenden Differenzierung der Menschen immer schwieriger werden.

Vielleicht hat der moderne Mensch zuviel zu verbergen, um eine Freundschaft im antiken Sinne zu haben, vielleicht sind die Persönlichkeiten auch, außer in sehr jungen Jahren, zu eigenartig individualisiert, um die volle Gegenseitigkeit des Verständnisses, des bloßen Aufnehmens, zu dem ja immer so viel ganz auf den andern eingestellte Divination und produktive Phantasie gehört, zu ermöglichen.

Es scheint, daß deshalb die moderne Gefühlsweise sich mehr zu differenzierten Freundschaften neigte, d. h. zu solchen, die ihr Gebiet nur an je einer Seite der Persönlichkeiten haben und in die die übrigen nicht hineinspielen.

Damit kommt ein ganz besonderer Typus der Freundschaft auf, der für unser Problem: das Maß des Eindringens oder der Reserve innerhalb des Freundschaftsverhältnisses - von größter Bedeutung ist.

Diese differenzierten Freundschaften, die uns mit einem Menschen von der Seite des Gemütes, mit einem andern von der der geistigen Gemeinsamkeit her, mit einem Dritten um religiöser Impulse willen, mit einem vierten durch gemeinsame Erlebnisse verbinden - diese stellen in Hinsicht der Diskretionsfrage, des Sich-Offenbarens und Sich-Verschweigens eine völlig eigenartige Synthese dar; sie fordern, daß die Freunde gegenseitig nicht in die Interessen- und Gefühlsgebiete hineinsehen, die nun einmal nicht in die Beziehung eingeschlossen sind und deren Berührung die Grenze des gegenseitigen Sich-Verstehens schmerzlich fühlbar machen würde.

Aber die so begrenzte und mit Diskretionen umgebene Beziehung kann dennoch aus dem Zentrum der ganzen Persönlichkeit kommen, von ihren letzten Wurzelsäften getränkt sein, so sehr sie sich nur in einen Abschnitt ihrer Peripherie ergießt; sie führt, ihrer Idee nach, in dieselbe Gemütstiefe und zu derselben Opferwilligkeit, wie undifferenziertere Epochen und Personen sie nur mit einer Gemeinsamkeit der gesamten Lebensperipherie verbinden, für die Reserven und Diskretion kein Problem sind.

Viel diffiziler liegt die Abmessung des Sich-Offenbarens und Sich-Zurückhaltens, mit ihren Komplementen, dem Eindringen und der Diskretion, in der Ehe.

Hier gehört sie zu dem ganz allgemeinen, für die Soziologie des intimen Verhältnisses höchst wichtigen Problemgebiete: ob das Maximum von Gemeinsamkeitswerten dadurch erreicht werde, daß die Persönlichkeiten ihr Fürsichsein gänzlich aneinander aufgeben oder gerade umgekehrt durch ein Zurückbehalten - ob sie sich nicht etwa qualitativ mehr gehören, wenn sie sich quantitativ weniger gehören.

Diese Frage des Maßes kann natürlich nur zugleich mit der andern beantwortet werden: wie denn innerhalb der Gesamtmitteilbarkeiten des Menschen die Grenze zu ziehen ist, an der eventuell die Zurückhaltung und der Respekt des andern begönne. Der Vorzug der modernen Ehe - der beide Fragen frei lich nur von Fall zu Fall beantwortbar macht - ist, daß diese Grenze nicht von vornherein festgelegt ist, wie es in andern und früheren Kulturen der Fall ist.

In den letzteren namentlich ist die Ehe prinzipiell überhaupt kein erotisches, sondern nur ein ökonomisch-soziales Institut, die Befriedigung der Liebeswünsche ist nur akzidentell damit verbunden, sie wird, natürlich mit Ausnahmen, nicht nur aus der individuellen Attraktion, sondern aus Gründen der Familienverbindung, der Arbeitsverhältnisse, der Nachkommenschaft geschlossen.

Zu äußerst klarer Differenzierung haben es in dieser Hinsicht die Griechen gebracht, laut Demosthenes: »Wir haben Hetären für das Vergnügen, Konkubinen für die täglichen Bedürfnisse, Gattinnen aber, um uns rechtmäßige Kinder zu geben und für das Innere des Hauses zu sorgen.«

Offenbar wird bei einem so mechanischen, das seelische Zentrum außer Funktion setzenden Verhältnis - wie es übrigens, unter gewissen Modifikationen, die Geschichte und die Beobachtung der Ehe auf Schritt und Tritt zeigt - einerseits weder Bedürfnis noch Möglichkeit intimen gegenseitigen Sich-Erschließens vorliegen, andrerseits werden aber auch manche Reserven des Zartgefühles und der Keuschheit hinwegfallen, die, trotz ihrer scheinbaren Negativität, doch gerade die Blüte eines ganz verinnerlichten, ganz persönlichen Nahverhältnisses sind.

Dieselbe Tendenz, von den Gemeinsamkeiten der Ehe bestimmte Lebensinhalte a priori und durch überindividuelle Satzung auszuschließen, liegt in der Mehrfachheit der Eheformen innerhalb eines Volkskreises, zwischen denen die Eheschließenden eine vorhergängige Wahl zu treffen haben, und die die ökonomischen, religiösen, familienrechtlichen Interessen in mannigfaltigen Weisen für die Ehe differenzieren: so bei vielen Naturvölkern, bei den Indern, bei den Römern.

Nun wird niemand verkennen, daß auch innerhalb des modernen Lebens die Ehe wahrscheinlich überwiegend aus konventionellen oder materiellen Motiven eingegangen wird.

Allein, gleichviel wie oft verwirklicht, die soziologische Idee der modernen Ehe ist die Gemeinsamkeit aller Lebensinhalte, insoweit sie unmittelbar und durch ihre Wirkungen den Wert und das Schicksal der Persönlichkeit bestimmen.

Und das Präjudiz dieser idealen Forderung ist durchaus nicht wirkungslos; es hat oft genug Raum und Anregung gegeben, eine ursprünglich sehr unvollkommene Gemeinsamkeit zu einer immer umfassenderen zu entwickeln.

Aber während gerade die Unbeendbarkeit dieses Prozesses das Glück und die innere Lebendigkeit des Verhältnisses trägt, pflegt seine Umkehrung schwere Enttäuschungen zu bringen: wenn nämlich die absolute Einheit von vornherein antizipiert wird, Verlangen wie Darbieten keinerlei Zurückhaltung kennt, selbst diejenige nicht, die für alle feineren und tieferen Naturen auch dann noch immer in den dunklen Gründen der Seele bleibt, wenn sie sich ganz vor dem andern auszuschütten meint.

In der Ehe wie in eheartigen freien Verhältnissen liegt die Verführung sehr nahe, in der ersten Zeit völlig ineinander aufzugehen, die letzten Reserven der Seele denen der Körperlichkeit nachzuschicken, sich völlig vorbehaltlos aneinander zu verlieren.

Dies aber wird meistens die Zukunft des Verhältnisses erheblich bedrohen.

Ohne Gefahr können nur diejenigen Menschen sich ganz geben, die sich überhaupt nicht ganz geben können, weil der Reichtum ihrer Seele in fortwährenden Weiterentwicklungen beruht, die jeder Hingabe sogleich neue Schätze nachwachsen lassen; die eine Unerschöpflichkeit latenter seelischer Besitztümer haben, und diese deshalb so wenig mit einem Male offenbaren und wegschenken können, wie mit den fortgegebenen Jahresfrüchten eines Baumes die des nächsten Jahres vergeben sind.

Anders aber bei denen, die mit den Aufschwüngen des Gefühles, der Unbedingtheit einer Hingabe, der Offenbarung ihres Seelenlebens sozusagen vom Kapital nehmen, bei denen es an jener gar nicht zu offenbarenden und von dem Ich gar nicht ablösbaren Quellkraft immer neuen seelischen Erwerbes fehlt.

Da liegt denn die Chance nahe, daß man sich eines Tages mit leeren Händen gegenübersteht, daß die dionysische Schenkseligkeit eine Verarmung zurückläßt, die noch rückwirkend - ungerecht, aber darum nicht weniger bitter - sogar die genossenen Hingaben und ihr Glück Lügen straft.

Wir sind nun einmal so eingerichtet, daß wir nicht nur, wie oben bemerkt, einer bestimmten Proportion von Wahrheit und Irrtum als Basis unsres Lebens bedürfen, sondern auch einer solchen von Deutlichkeit und Undeutlichkeit im Bilde unsrer Lebenselemente.

Was wir bis auf den letzten Grund deutlich durchschauen, zeigt uns eben damit die Grenze seines Reizes, und verbietet der Phantasie, ihre Möglichkeiten darein zu weben, für deren Verlust keine Wirklichkeit uns entschädigen kann, weil jenes eben Selbsttätigkeit ist, die durch kein Empfangen und Genießen auf die Dauer ersetzt werden kann.

Der Andre soll uns nicht nur eine hinzunehmende Gabe schenken, sondern auch die Möglichkeit ihn zu beschenken, mit Hoffnungen und Idealisierungen, mit verborgenen Schönheiten und ihm selbst unbewußten Reizen.

Der Ort aber, an dem wir all dies von uns, aber für ihn Hervorgebrachte, deponieren, ist der undeutliche Horizont seiner Persönlichkeit, das Zwischenreich, in dem der Glaube das Wissen ablöst.

Es ist durchaus zu betonen, daß es sich dabei keineswegs nur um Illusionen und optimistischen oder verliebten Selbstbetrug handelt, sondern einfach darum, daß uns ein Teil auch der nächsten Menschen, damit ihr Reiz für uns auf der Höhe bleibe, in der Form der Undeutlichkeit oder Unanschaulichkeit geboten sein muß; damit ersetzt die Mehrzahl der Menschen den Attraktionswert, den jene Minderzahl durch die Unerschöpflichkeit ihres inneren Lebens und Wachsens besitzt.

Die bloße Tatsache des absoluten Kennens, des psychologischen Ausgeschöpfthabens ernüchtert uns auch ohne vorhergehenden Rausch, lähmt die Lebendigkeit der Beziehungen und läßt ihre Fortsetzung als etwas eigentlich Zweckloses erscheinen.

Dies ist die Gefahr der restlosen und in einem mehr als äußeren Sinne schamlosen Hingabe, zu der die unbeschränkten Möglichkeiten intimer Beziehungen verführen, ja, die leicht als eine Art Pflicht empfunden werden - namentlich da, wo keine absolute Sicherheit des eigenen Gefühles besteht, und die Besorgnis, dem Andern nicht genug zu geben, dazu verleitet, ihm zu viel zu geben.

An diesem Mangel gegenseitiger Diskretion, im Sinne des Nehmens wie des Gebens, gehen sicher viele Ehen zugrunde, d. h. verfallen in eine reizlos-banale Gewöhnung, in eine Selbstverständlichkeit, die keinen Raum für Überraschungen mehr hat.

Die fruchtbare Tiefe der Beziehungen, die hinter jedem geoffenbarten Letzten noch ein Allerletztes ahnt und ehrt, die auch das sicher Besessene täglich von neuem zu erobern reizt, ist nur der Lohn jener Zartheit und Selbstbeherrschung, die auch in dem engsten, den ganzen Menschen umfassenden Verhältnis noch das innere Privateigentum respektiert, die das Recht auf Frage durch das Recht auf Geheimnis begrenzen läßt.

Alle diese Kombinationen werden soziologisch dadurch bezeichnet, daß das Geheimnis des Einen vom Andern gewissermaßen anerkannt, daß das absichtlich oder unabsichtlich Verborgene absichtlich oder unabsichtlich respektiert wird.

Die Absicht des Verbergens, nimmt aber eine ganz andre Intensität an, sobald ihr die Absicht der Entschleierung gegenübersteht.

Dann entsteht jenes tendenziöse Verstecken und Maskieren, jene sozusagen aggressive Defensive gegen den Dritten, die man erst eigentlich als Geheimnis bezeichnet.

Das Geheimnis in diesem Sinne, das durch negative oder positive Mittel getragene Verbergen von Wirklichkeiten, ist eine der größten Errungenschaften der Menschheit; gegenüber dem kindischen Zustand, in dem jede Vorstellung sofort ausgesprochen wird, jedes Unternehmen allen Blicken zugänglich ist, wird durch das Geheimnis eine ungeheure Erweiterung des Lebens erreicht, weil vielerlei Inhalte desselben bei völliger Publizität überhaupt nicht auftauchen können.

Das Geheimnis bietet sozusagen die Möglichkeit einer zweiten Welt neben der offenbaren, und diese wird von jener auf das stärkste beeinflußt.

Es charakterisiert jedes Verhältnis zwischen zwei Menschen oder zwischen zwei Gruppen, ob und wieviel Geheimnis in ihm ist; denn auch wo der andre das Vorliegen eines solchen nicht bemerkt, wird damit doch jedenfalls das Verhalten des Verbergenden, und also das ganze Verhältnis modifizier[2]

Die geschichtliche Entwicklung der Gesellschaft ist in vielen Teilen dadurch bezeichnet, daß früher Offenbares in den Schutz des Geheimnisses tritt, und daß umgekehrt früher Geheimes dieses Schutzes entbehren kann und sich offenbart - vergleichbar jener anderen Evolution des Geistes: daß zuerst bewußt Ausgeführtes zu unbewußt-mechanischer Übung herabsinkt, und andrerseits früher Unbewußt-Instinktives in die Helle des Bewußtseins aufsteigt.

Wie sich dies auf die verschiedenen Formungen des privaten wie des öffentlichen Lebens verteilt; wie jene Evolution zu immer zweckmäßigeren Zuständen führt, indem zuerst das Geheimnis oft ungeschickt und undifferenziert, viel zu weit ausgedehnt wird, andrerseits für vieles der Nutzen der Verborgenheit erst spät erkannt wird; wie das Quantum des Geheimnisses in seinen Folgen durch die Wichtigkeit oder Indifferenz seines Inhaltes modifiziert wird - an dies läßt schon als bloße Frage die Bedeutung des Geheimnisses für die Struktur der menschlichen Wechselwirksamkeiten hervorleuchten.

Darüber darf die vielfache ethische Negativität des Geheimnisses nicht täuschen; denn das Geheimnis ist eine allgemeine soziologische Form, die völlig neutral über den Wertbedeutungen ihrer Inhalte steht.

Sie nimmt einerseits die höchsten Werte in sich auf: so die feine Scham der vornehmen Seele, die gerade ihr Bestes verbirgt, um es sich nicht durch Lob und Lohn bezahlen zu lassen; denn hiernach besitzt man gleichsam das Entgelt, aber nicht den eigentlichen Wert selbst mehr.

Andrerseits steht zwar nicht das Geheimnis mit dem Bösen, aber das Böse mit dem Geheimnis in einem unmittelbaren Zusammenhang.

Denn aus naheliegenden Gründen verbirgt sich das Unsittliche - selbst da, wo sein Inhalt keine soziale Ahndung findet, wie manche sexuelle Verfehlungen.

Die innerlich isolierende Wirkung der Unsittlichkeit als solcher, noch abgesehen von aller primären sozialen Repulsion, ist, neben den vielen vorgeblichen Verflechtungen der ethischen und der sozialen Reihe, eine wirkliche und wichtige; das Geheimnis ist - unter andrem - auch der soziologische Ausdruck der sittlichen Schlechtigkeit, obgleich die klassische Sentenz: Niemand sei so schlecht, daß er auch noch schlecht scheinen wolle - den Tatsachen widerstreitet.

Denn Trotz und Zynismus lassen es oft genug zur Verhüllung der Schlechtigkeit nicht kommen, ja, sie können dieselbe zu einer Steigerung der Persönlichkeit andern gegenüber ausnützen, bis zu dem Grade, daß gelegentlich mit gar nicht vorhandenen Immoralitäten renommiert wird.

Die Verwendung des Geheimnisses als einer soziologischen Technik, als einer Form des Handelns, ohne die angesichts unsres sozialen Umgebenseins gewisse Zwecke überhaupt nicht erreichbar sind - ist ohne weiteres einzusehen.

Nicht ganz so offenbar sind die Reize und Werte, die es über diese Bedeutung als Mittel hinaus besitzt, die eigentümliche Attraktion des formal geheimnisvollen Verhaltens, abgesehen von seinem jeweiligen Inhalte.

Zunächst gibt der stark betonte Ausschluß aller Draußenstehenden ein entsprechend stark betontes Eigentumsgefühl.

Für viele Naturen gewinnt eben der Besitz seine rechte Bedeutung nicht schon durch das positive Haben, sondern bedarf des Bewußtseins, daß andre ihn entbehren müssen.

Es ist ersichtlich die Reizbarkeit unsres Empfindens durch den Unterschied, die dies begründet.

Außerdem, da das Ausgeschlossensein der andern von einem Besitz insbesondere bei großem Werte desselben eintreten wird, liegt psychologisch die Umkehrung nahe, daß das vielen Versagte etwas besonders Wertvolles sein müsse.

Und so gewinnt das innere Eigentum verschiedenster Art einen charakteristischen Wertakzent durch die Form des Geheimnisses, in der die inhaltliche Bedeutung der verschwiegenen Tatsache oft genug ganz davor zurücktritt, daß andre eben nichts von ihr wissen.

Unter Kindern gründet sich oft ein Stolz und Sich-Berühmen darauf, daß das eine zum andern sagen kann: »Ich weiß doch was, was du nicht weißt« - und zwar so weitgehend, daß dies als formales Mittel der Prahlerei und Deklassierung des andern geäußert wird, auch wo es ganz erlogen ist und gar kein Geheimnis besessen wird.

Von den kleinsten bis in die größten Verhältnisse hinein zeigt sich diese Eifersucht auf das Wissen um eine andern verborgene Tatsache.

Die englischen Parlamentsverhandlungen waren lange geheim, und noch unter Georg III. wurden Mitteilungen über sie durch die Presse strafrechtlich verfolgt, und zwar ausdrücklich als Verletzung der parlamentarischen Privilegien.

Das Geheimnis gibt der Persönlichkeit eine Ausnahmestellung, es wirkt als ein rein sozial bestimmter Reiz, prinzipiell unabhängig von dem Inhalt, den es hütet, aber natürlich in dem Maße steigend, in dem das ausschließend besessene Geheimnis bedeutsam und umfassend ist.

Und dazu wirkt eine Umkehrung, analog der soeben erwähnten.

Jede höhere Persönlichkeit und alle höheren Leistungen haben für den Durchschnitt der Menschen etwas Geheimnisvolles.

Gewiß quillt alles menschliche Sein und Tun aus unenträtselten Kräften.

Allein innerhalb qualitativer und wertmäßiger Niveaugleichheit macht dies noch nicht den Einen zum Problem für den Andern, insbesondere weil auf diese Gleichheit hin ein gewisses unmittelbares, nicht vom Intellekt getragenes Verstehen stattfindet.

Wesentliche Ungleichheit aber läßt es zu solchem nicht kommen, und in der Form des singulären Unterschiedes wird sogleich die generelle Rätselhaftigkeit wirksam - ungefähr wie man, immer in derselben Landschaft lebend, gar nicht auf das Problem unsrer Beeinflußtheit durch das landschaftliche Milieu kommen mag, das sich aber aufdrängt, sobald wir die Umgebung

wechseln, und der Unterschied des Lebensgefühles uns auf jenes verursachende Moment des letzteren überhaupt aufmerksam macht.

Aus diesem Geheimnis, das alles Tiefere und Bedeutende beschattet, wächst die typische Irrung: alles Geheimnisvolle ist etwas Wesentliches und Bedeutsames.

Der natürliche Idealisierungstrieb und die natürliche Furchtsamkeit des Menschen wirken dem Unbekannten gegenüber zu dem gleichen Ziele, es durch die Phantasie zu steigern und ihm eine Aufmerksamkeitsbetonung zuzuwenden, die die offenbarte Wirklichkeit meistens nicht gewonnen hätte.

Mit diesen Attraktionen des Geheimnisses vereinigen sich nun eigentümlicherweise die seines logischen Gegensatzes: des Verrates - die ersichtlich nicht weniger soziologischer Natur sind.

Das Geheimnis enthält eine Spannung, die im Augenblick der Offenbarung ihre Lösung findet.

Dieser bildet die Peripetie in der Entwicklung des Geheimnisses, in ihm sammeln und gipfeln sich noch einmal dessen ganze Reize - wie der Moment des Verschwendens den Wert des Objektes in äußerster Zuspitzung genießen läßt: das mit dem Geldbesitz gegebene Machtgefühl konzentriert sich für die Seele des Verschwenders am vollständigsten und lustvollsten in dem Augenblick, wo er diese Macht aus Händen gibt.
Auch das Geheimnis ist getragen von dem Bewußtsein, es verraten zu können, und damit die Macht zu Schicksalswendungen und Überraschungen, zu Freuden und Zerstörungen, wenn auch vielleicht nur zur Selbstzerstörung. in der Hand zu haben.

Darum umspielt Möglichkeit und Versuchung des Verrates das Geheimnis, und mit der äußeren Gefahr des Entdecktwerdens verschlingt sich diese innere des Sich-Entdeckens, die der Anziehungskraft des Abgrunds gleicht.

Das Geheimnis legt eine Schranke zwischen die Menschen, zugleich aber den verführerischen Anreiz, sie durch Ausplaudern oder Beichte zu durchbrechen - der das psychische Leben des Geheimnisses wie ein Oberton begleitet.

Darum findet die soziologische Bedeutung des Geheimnisses ihr praktisches Maß, den Modus ihrer Verwirklichung, erst an der Fähigkeit oder Neigung der Subjekte, es auch bei sich zu behalten, bzw. an ihrem Widerstand oder Schwäche gegenüber der Versuchung zum Verrate.

Aus dem Gegenspiel dieser beiden Interessen, am Verbergen und am Enthüllen, quellen Färbungen und Schicksale der menschlichen Wechselbeziehungen durch deren gesamten Bezirk hin.

Wenn nach unsren früheren Ausmachungen jede Beziehung zwischen Menschen eine ihrer Charakterisierungen daran hat, wieviel Geheimnis in ihr oder um sie ist, so bestimmt sich ihre Weiterentwicklung in dieser Hinsicht nach dem Mischungsmaß der festhaltenden und der nachlassenden Energien - jene getragen durch das praktische Interesse und die formalen Reize des Geheimnisses als solchen, diese durch die Unfähigkeit, die Anspannung des Geheimhaltens länger zu leisten, und durch die Superiorität, die, im Geheimnis sozusagen in latenter Form liegend, sich erst im Augenblick der Enthüllung für das Gefühl voll aktualisiert; andrerseits aber auch oft durch die Lust der Beichte, die jenes Machtgefühl in negativer und perverser Form, als Selbsterniedrigung und Zerknirschung enthalten kann.

Alle diese Momente, die die soziologische Rolle des Geheimnisses bestimmen, sind individueller Natur; aber das Maß, in dem die Anlagen und die Komplikationen der Persönlichkeiten Geheimnisse bilden, hängt zugleich von der sozialen Struktur ab, auf der ihr Leben steht.

Hierbei ist nun das Entscheidende, daß das Geheimnis ein Individualisierungsmoment ersten Ranges ist, und zwar in der typischen Doppelrolle: daß soziale Verhältnisse von starker personaler Differenziertheit dasselbe in hohem Maße gestatten und fordern, und daß umgekehrt das Geheimnis solche Differenziertheit trägt und steigert.

In einem kleinen und enggeschlossenen Kreise wird Ausbildung und Bewahrung von Geheimnissen schon technisch erschwert sein, weil ein jeder den Verhältnissen eines jeden zu nahe steht, und weil die Häufigkeit und Intimität der Berührungen zu viel Verführungen zur Enthüllung mit sich bringen.

Aber es bedarf hier auch des Geheimnisses nicht in erheblichem Maße, weil diese soziale Bildung ihre Elemente zu nivellieren pflegt und jene Besonderheiten des Seins, Tuns und Habens ihr widerstreben, deren Konservierung die Form des Geheimnisses verlangt. Daß bei erheblicher Erweiterung des Kreises alles dies in sein Gegenteil übergeht, liegt auf der Hand.

Hier wie sonst offenbaren die Verhältnisse der Geldwirtschaft am deutlichsten die spezifischen Züge des großen Kreises.

Seit der ökonomische Wertverkehr sich durchgehends mittels Geldes vollzieht, ist in ihm eine sonst unerreichbare Heimlichkeit möglich geworden.

Drei Eigenschaften der Geldform der Werte werden hierfür wichtig: seine Komprimierbarkeit, die es gestattet, jemanden mit einem Scheck, den man unbemerkt in seine Hand gleiten läßt, zum reichen Manne zu machen; seine Abstraktheit und Qualitätslosigkeit, vermöge deren Transaktionen, Erwerb und Besitzwechsel in einer Weise versteckt und unkenntlich gemacht werden können, wie sie unmöglich ist, solange Werte nur als extensive, unzweideutig greifbare Objekte besessen werden können; endlich seine Fernwirkung, mittels deren man es in den entferntesten und in fortwährend wechselnden Werten investieren und es dadurch dem Auge der nächsten Umgebung ganz entziehen kann.

Diese Dissimulierungsmöglichkeiten, die sich in dem Maß der Vergrößerung geldwirtschaftlicher Verhältnisse ergeben und ihre Gefahren besonders bei dem Wirtschaften mit fremdem Gelde entfalten müssen, haben als Schutzmaßregel die Öffentlichkeit für die Finanzgebarungen der Aktiengesellschaften und der Staaten hervorgerufen.

Dies deutet auf eine nähere Bestimmung der oben berührten Evolutionsformel: daß durch die Form des Geheimnisses hindurch ein dauerndes Zu- und Abfließen von Inhalten geschieht, indem ursprünglich Offenbares geheim wird, ursprünglich Verborgenes seine Verhüllung abwirft - so daß man auf die paradoxe Idee kommen könnte, das menschliche Zusammensein bedürfe unter übrigens gleichen Umständen eines bestimmten Maßes von Geheimnis, das nur seine Gegenstände wechsle: indem es den einen verlasse, ergreife es den andren, und erhalte unter diesem Tausch ein nicht geändertes Quantum.

Für dieses allgemeine Schema ist eine etwas genauere Erfüllung auffindbar.

Es scheint, als ob mit wachsender kultureller Zweckmäßigkeit die Angelegenheiten der Allgemeinheit immer öffentlicher, die der Individuen immer sekreter würden.

In unentwickelteren Zuständen können sich, wie schon bemerkt, die Verhältnisse der Einzelpersonen nicht in dem Maße vor dem gegenseitigen Hineinsehen und Sichhineinmischen schützen, wie innerhalb des modernen Lebensstiles, insbesondere des großstädtischen, der ein ganz neues Maß von Reserve und Diskretion erzeugt hat.

Dagegen pflegen die Träger der öffentlichen Interessen sich in Staatswesen früherer Zeit in eine mystische Autorität zu hüllen, während ihnen in reiferen und größeren Verhältnissen durch die Ausdehnung ihres Herrschaftsbezirkes, durch die Objektivität ihrer Technik, durch die Distanz von jeder Einzelperson eine Sicherheit und Würde zuwächst, die sie die Öffentlichkeit ihres Gebarens vertragen läßt.

Jene Heimlichkeit der öffentlichen Angelegenheiten aber zeigte ihren inneren Widerspruch darin, daß sie sogleich die Gegenbewegungen des Verrates auf der einen, der Spionage auf der andren Seite erzeugte.

Noch im 17. und 18. Jahrhundert verschwiegen die Regierungen aufs ängstlichste die Beträge der Staatsschulden, die Steuerverhältnisse, die Kopfzahl des Militärs - infolge wovon die Gesandten vielfach nichts Besseres zu tun hatten, als zu kundschaften, Briefe zu unterschlagen, Personen, die irgend etwas »wußten«, bis zu dem Dienstpersonal herunter, zum Ausplaudern zu bringen[3]

Im 19. Jahrhundert aber erobert sich die Publizität die Staatsangelegenheiten in dem Maße, daß nun die Regierungen selbst die Daten offiziell veröffentlichen, ohne deren Geheimhaltung bis dahin überhaupt kein Regime möglich schien.

So haben Politik, Verwaltung, Gericht ihre Heimlichkeit und Unzugänglichkeit in demselben Maße verloren, in dem das Individuum die Möglichkeit immer vollständigeren Zurückziehens

gewann, in dem das moderne Leben eine Technik zur Sekretierung der Privatangelegenheiten inmitten der großstädtischen Zusammengedrängtheit ausbildete, wie sie früher allein durch räumliche Einsamkeit herstellbar war.

Inwieweit diese Entwicklung aber als eine zweckdienliche anzusehen ist, hängt von sozialen Wertaxiomen ab.

Alle Demokratie wird die Publizität für den an sich wünschenswerten Zustand halten, von der Grundvorstellung aus: daß jeder diejenigen Ereignisse und Verhältnisse, die ihn angehen, auch kennen solle - da dies die Bedingung davon ist, daß er über sie mit zu beschließen hat; und jedes Mitwissen enthält auch schon die psychologische Anreizung, mittun zu wollen. Es steht dahin, ob jener Schluß ganz bündig ist.

Wenn über den individualistischen Interessen ein objektives, gewisse Seiten von ihnen zusammenfassendes Herrschaftsgebilde erwachsen ist, so kann dasselbe vermöge seiner formalen Selbständigkeit sehr wohl zu einer geheimen Funktionierung berechtigt sein, ohne darum seine »Öffentlichkeit«, im Sinne der materialen Wahrnehmung der Interessen Aller, zu dementieren.

Ein logischer Zusammenhang also, aus dem der größere Wert des Publizitätszustandes folgte, besteht nicht.

Wohl aber zeigt sich hier das allgemeine Schema kultureller Differenzierung: das öffentliche wird immer öffentlicher, das Private immer privater.

Und zwar bringt diese geschichtliche Entwicklung die tiefere, sachliche Bedeutung zum Ausdruck: das seinem Wesen nach Öffentliche, seinem Inhalt nach Alle Angehende, wird auch äußerlich, seiner soziologischen Form nach, immer öffentlicher; und das, was seinem inneren Sinne nach ein Fürsichsein hat, die zentripetalen Angelegenheiten des Einzelnen, gewinnen, auch in ihrer soziologischen Position, immer privateren Charakter, immer entschiedenere Möglichkeit, Geheimnis zu bleiben.

Was ich vorhin hervorhob: daß das Geheimnis auch als ein schmückender Besitz und Wert der Persönlichkeit wirkt, enthält den Widerspruch in sich, daß das vor dem Bewußtsein der Andern Zurückweichende und Verborgene sich in deren Bewußtsein gerade betonen und das Subjekt gerade durch das, was es vor ihnen verschleiert, als ein besonders bemerkenswertes herausstellen soll.

Es beweist, daß das Bedürfnis soziologischer Hervorhebung sich nicht nur der innerlich widersprechendsten Mittel bedient, sondern daß auch diejenigen, gegen die es im einzelnen Falle sich doch eigentlich wendet, indem sie die Kosten jener Superiorität tragen, darauf eintreten - mit einer Mischung von Willigkeit und Widerwilligkeit zwar, die praktisch indes die gewünschte Anerkennung leistet.

Es ist deshalb wohl angezeigt, gerade an dem scheinbaren soziologischen Gegenpol des Geheimnisses, an dem Schmuck, eine analoge Struktur seiner gesellschaftlichen Bedeutung zu erweisen.

Es ist das Wesen und der Sinn des Schmuckes, die Augen der Andern auf seinen Träger zu lenken, und er ist insofern der Antagonist des Geheimnisses, das sich aber auch seinerseits der personal-akzentuierenden Funktion nicht entzog.

Der Schmuck übt diese gleichfalls so, daß er die Superiorität über die Andern mit einer Abhängigkeit von ihnen, und andrerseits ihren guten Willen mit ihrem Neide in einer Weise mischt, die als soziologische Wechselform eine spezielle Nachzeichnung fordert.

Exkurs über den Schmuck

Während das Geheimnis eine soziologische Bestimmtheit ist, die das gegenseitige Verhältnis von Gruppenelementen charakterisiert, oder vielmehr, mit andern Beziehungsformen zusammen dies Gesamtverhältnis bildet - kann es sich weiterhin mit dem Entstehen »geheimer Gesellschaften« auf eine Gruppe als ganze erstrecken.

Solange das Sein, Tun und Haben eines Einzelnen als Geheimnis besteht, ist dessen allgemeine soziologische Bedeutung: Isolierung, Gegensatz, egoistische Individualisation.

Hier ist der soziologische Sinn des Geheimnisses ein äußerer: als Verhältnis dessen, der das Geheimnis besitzt, zu dem, der es nicht besitzt.

Sobald aber eine Gruppe als solche das Geheimnis als ihre Existenzform ergreift, wird dessen soziologischer Sinn ein innerer. es bestimmt nun die Wechselbeziehungen derer, die das Geheimnis gemeinsam besitzen.

Da aber jenes Ausschließungsverhältnis gegen die Nichteingeweihten mit seinen besonderen Nuancen auch hier besteht, so bedeutet die Soziologie der geheimen Gesellschaft das komplizierte Problem, die immanenten Formen einer Gruppe festzustellen, die durch das geheimnismäßige Verhalten derselben gegen anderweitige Elemente bestimmt werden.

Ich schicke dieser Erörterung nicht erst eine systematische Einteilung der geheimen Gesellschaften voraus, die nur ein äußerlich historisches Interesse hätte; ihre wesentlichen Kategorien werden sich auch ohne dies ergeben.

Die erste innere Relation, die der geheimen Gesellschaft wesentlich ist, ist das gegenseitige Vertrauen ihrer Elemente.
Und es bedarf dessen in einem besonderen Maße, weil der Zweck der Geheimhaltung vor allem der Schutz ist.

Von allen Schutzmaßregeln ist sicher die radikalste, sich unsichtbar zu machen.

Hier unterscheidet sich die geheime Gesellschaft prinzipiell von dem Individuum, das den Schutz des Geheimnisses sucht.

Es kann dies eigentlich nur für einzelne Vornahmen oder Zustände; als Ganzes kann es sich wohl zeitweise verstecken, sich räumlich absentieren, aber seine Existenz kann, von ganz abstrusen Kombinationen abgesehen, kein Geheimnis sein.

Einer gesellschaftlichen Einheit dagegen ist dies durchaus möglich: ihre Elemente können im frequentesten Verkehr leben, aber daß sie eine Gesellschaft bilden, eine Verschwörung oder eine Gaunerbande, ein religiöses Konventikel oder eine Verbindung zu sexuellen Extravaganzen - dies kann seinem Wesen nach und dauernd Geheimnis sein.

Von diesem Typus, bei dem zwar nicht die Individuen, aber ihre Vereinigung verborgen ist, unterscheiden sich freilich die Verbindungen, bei denen zwar diese Formung rückhaltlos bekannt, dagegen die Mitgliedschaften oder der Zweck oder die besonderen Bestimmungen des Bundes Geheimnis sind, wie bei vielen Geheimbünden der Naturvölker oder bei den Freimaurern.

Den letzteren Typen gewährt die Form des Geheimnisses ersichtlich nicht den gleich unbedingten Schutz wie den ersteren, da das, was von ihnen bekannt ist, immer einen Angriffspunkt für weiteres Eindringen darbietet.

Dagegen haben diese relativ geheimen Gesellschaften oft den Vorteil einer gewissen Labilität; weil sie von vornherein auf ein Maß von Offenbarkeit eingerichtet sind, können sie sich auch mit weiterem Enthülltsein eher abfinden, als diejenigen, die überhaupt schon als Gesellschaften geheim sind; diese zerstört sehr häufig ihr erstes Entdecktwerden, weil ihr Geheimnis vor die radikale Alternative des Ganz oder Garnicht gestellt zu sein pflegt.

Es ist die Schwäche der geheimen Gesellschaft, daß Geheimnisse nicht dauernd gewahrt bleiben - so daß man mit Recht sagt, ein Geheimnis um das Zwei wissen, sei keines mehr.

Deshalb ist der Schutz, den sie gewähren, seinem Wesen nach zwar ein absoluter, aber ein nur zeitweiliger, und für Inhalte von positivem sozialem Wert ist ihr Getragensein durch geheime Gesellschaften tatsächlich ein Uebergangszustand, dessen sie nach einem gewissen Stärkewachstum nicht mehr bedürfen.

Das Geheimnis gleicht schließlich nur dem Schutz, den man durch Abhalten von Störungen gewinnt, und macht deshalb zweckmäßigerweise dem andern Platz: nämlich dem durch die Kraft, die den Störungen gewachsen ist.

Die geheime Gesellschaft ist unter diesen Umständen die angemessene soziale Form von Inhalten, die sich noch gleichsam im Kindesalter, in der Verletzlichkeit früher Entwicklungsperioden befinden.

Die junge Erkenntnis, Religion, Moral, Partei, ist oft noch schwach und schutzbedürftig, und darum verbirgt sie sich.

Deshalb sind Zeiten, in denen sich neue Lebensinhalte unter dem Widerstande der bestehenden Gewalten aufarbeiten, für das Aufwachsen geheimer Gesellschaften prädestiniert, wie etwa das 18. Jahrhundert zeigt.

So waren, um nur ein Beispiel zu nennen, damals die Elemente der liberalen Partei schon in Deutschland gegeben, allein ihr Hervortreten in einem ständigen politischen Gebilde noch durch die staatlichen Zustände gehindert.

So war denn der Geheimbund die Form, in der die Keime sich geschützt erhalten und wachsen konnten, wie es ihnen vor allem der Illuminatenorden leistete.

Denselben Schutz wie der aufsteigenden gewährt er auch der absteigenden Entwicklung.

Gesellschaftlichen Bestrebungen und Mächten, die von neu aufkommenden verdrängt werden, liegt die Flucht in das Geheimnis nahe, das sozusagen ein Übergangsstadium zwischen Sein und Nichtsein darstellt.

Als mit dem Ende des Mittelalters die Herabdrückung der deutschen Gemeindegenossenschaften durch die erstarkenden Zentralgewalten begann, entfaltete sich in ihnen ein umfassendes Geheimleben: in verborgenen Versammlungen und Verträgen, in geheimer Uebung von Recht und von Gewalt - wie Tiere den Schutz des Versteckes aufsuchen, wenn sie zu sterben gehen.
Diese Doppelfunktion des Geheimbundes als Schutzform, als eine Zwischenstation ebenso für aufstrebende wie für verfallende Mächte, ist vielleicht an religiösen Entwicklungen am augenscheinlichsten.

Solange die christlichen Gemeinden vom Staate verfolgt wurden, mußten sie oft ihre Versammlungen, ihren Gottesdienst, ihre ganze Existenz in die Verborgenheit flüchten; sobald das Christentum aber Staatsreligion geworden war, blieb den Anhängern des verfolgten, absterbenden Heidentums nur dieselbe Verheimlichung ihrer Kultvereinigungen übrig, zu der sie vorher die jetzt herrschende Religion gezwungen hatten.

Ganz im allgemeinen tritt die geheime Gesellschaft überall als Korrelat des Despotismus und der polizeilichen Beschränkung auf, als Schutz sowohl der Defensive wie der Offensive gegen den vergewaltigenden Druck zentraler Mächte; und zwar keineswegs nur der politischen, sondern ebenso innerhalb der Kirche, wie der Schulklassen und der Familien.

Diesem Schutzcharakter als äußerer Qualität entspricht bei der geheimen Gesellschaft, wie gesagt, als innere das gegenseitige Vertrauen der Teilnehmer; und zwar hier ein ganz spezifisches Vertrauen: das auf die Fähigkeit des Schweigen-Könnens. Vereinigungen mögen ihrem Inhalte nach auf vielerlei Vertrauensvoraussetzungen beruhen: auf dem Vertrauen zu der Geschäftstüchtigkeit oder zu der religiösen Überzeugtheit, zu dem Mut oder zu der Liebe, zu der anständigen Gesinnung oder - bei Verbrechergesellschaften - zu dem radikalen Bruch mit moralischen Velleitäten.

Sowie die Gesellschaft aber eine geheime wird, tritt zu solchem, durch die einzelnen Gesellschaftszwecke bestimmten Vertrauen noch das formale auf die Verschwiegenheit - ersichtlich ein Glaube an die Persönlichkeit, der soziologisch-abstrakteren Charakter hat als jeder andre, weil jeder überhaupt mögliche Gemeinsamkeitsinhalt unter ihn gestellt werden kann.

Dazu kommt, daß, von Ausnahmen abgesehen, keinerlei andres Vertrauen einer so ununterbrochenen subjektiven Erneuerung bedarf; denn wo es sich um den Glauben an Zuneigung oder Energie, an Moral oder Intelligenz, an Anstandsgefühl oder Takt handelt, werden eher Tatsachen vorliegen können, die das Maß des Vertrauens ein für allemal begründen, die die Wahrscheinlichkeit der Enttäuschung auf ein Minimum bringen.

Die Chance des Ausplauderns aber ist auf die Unvorsichtigkeit eines Momentes, die Weichheit oder die Erregtheit einer Stimmung, die vielleicht unbewußte Nuance einer Betonung gestellt.

Die Bewahrung des Geheimnisses ist etwas so Labiles, die Versuchungen des Verrates so mannigfaltig, in vielen Fällen führt ein so kontinuierlicher Weg von der Verschwiegenheit zur

Indiskretion, daß das unbedingte Vertrauen auf jene ein unvergleichliches Ueberwiegen des subjektiven Faktors enthält.

Aus diesem Grunde bewirken die geheimen Gesellschaften, deren rudimentäre Formen mit jedem, von zweien geteilten Geheimnis beginnen und deren Verbreitung an allen Orten und zu allen Zeiten eine ganz ungeheure, noch kaum je auch nur quantitativ gewürdigte ist - eine höchst wirkungsvolle Schulung des moralischen Verbundenseins unter den Menschen.

Denn in dem Vertrauen des Menschen auf den andern liegt ein ebenso hoher moralischer Wert, wie darin, daß diesem Vertrauen entsprochen wird; ja, vielleicht ein noch freierer und verdienstvollerer, da ein Vertrauen, das uns gewährt ist, ein fast zwingendes Präjudiz enthält, und es zu täuschen schon eine ganz positive Schlechtigkeit fordert. Das Vertrauen dagegen »schenkt« man; es kann nicht in demselben Maße verlangt werden, wie daß man ihm entspreche, wenn es einmal geschenkt ist.

Indes suchen die geheimen Gesellschaften natürlich nach Mitteln, um die nicht direkt erzwingbare Verschwiegenheit psychologisch zu fördern.

Der Eid und die Strafandrohung stehen hier obenan und bedürfen keiner Erörterung. Interessanter ist die öfters begegnende Technik, den Novizen überhaupt erst einmal systematisch schweigen zu lehren.

Angesichts der vorhin angedeuteten Schwierigkeiten, die Zunge wirklich absolut zu hüten, angesichts namentlich der leicht ansprechenden Verbindung, die auf primitiveren Stufen zwischen Gedanken und Äußerung besteht - bei Kindern und bei vielen Naturvölkern ist Denken und Sprechen fast eines - bedarf es zunächst einmal des Schweigenlernens überhaupt, ehe das Verschweigen einzelner bestimmter Vorstellungen erwartet werden kann.[4]

So hören wir von einem Geheimbund auf der Molukkeninsel Ceram, daß dem Aufnahme suchenden Jüngling nicht nur Schweigen über alles, was er beim Eintritt erlebt, auferlegt wird, sondern er darf wochenlang überhaupt mit niemandem, auch in seiner Familie, ein Wort sprechen.

Hier wirkt sicher nicht nur jenes erzieherische Moment des durchgehenden Schweigens, sondern der seelischen Undifferenziertheit dieser Stufe entspricht es, in einer Periode, wo etwas Bestimmtes verschwiegen werden soll, das Sprechen überhaupt zu verbieten - mit dem Radikalismus, mit dem unentwickelte Völker leicht zur Todesstrafe greifen, wo später für eine partielle Sünde eine partielle Strafe gesetzt wird, oder wie sie geneigt sind, für etwas momentan Reizvolles einen ganz unverhältnismäßigen Teil ihres Besitzes hinzugeben.

Es ist die spezifische »Ungeschicklichkeit«, die sich in all dem äußert; denn deren Wesen besteht doch wohl in der Unfähigkeit, zu einer bestimmt begrenzten Zweckbewegung die ebenso bestimmt umschriebene Innervation vorzunehmen: der Ungeschickte bewegt den ganzen Arm, wo er für seinen Zweck nur zwei Finger bewegen dürfte, den ganzen Körper, wo eine genau differenzierte Armbewegung angezeigt wäre.

Dort nun ist es das Ueberwiegen der psychologischen Assoziation, das, wie es die Gefahr des Ausplauderns ungeheuer steigert, so auch das Verbot über seinen singulären, zweckmäßig bestimmten Inhalt hinauswachsen und statt dieses die gesamte Funktion, die ihn trägt, ergreifen läßt.

Wenn dagegen der Geheimbund der Pythagoreer für den Novizen ein mehrjähriges Schweigen vorschrieb, so griff die Absicht wahrscheinlich auch hier über die bloße Pädagogik für das Verschweigen der Bundesgeheimnisse hinaus, aber nun nicht wegen jener Ungeschicklichkeit, sondern gerade, weil man den differenzierten Zweck in seiner eigenen Richtung erweiterte: nicht nur Bestimmtes zu verschweigen, sollte der Adept lernen, sondern überhaupt sich zu beherrschen.

Der Bund ging auf eine strenge Selbstdisziplin und stilisierte Reinheit des Lebens, und wer es über sich brachte, jahrelang zu schweigen, war wohl noch andern Verführungen als denen der Schwatzhaftigkeit gewachsen.

Ein andres Mittel, die Verschwiegenheit auf eine objektive Basis zustellen, wendete der Geheimbund der gallischen Druiden an.

Der Inhalt ihrer Geheimnisse lag hauptsächlich in geistlichen Gesängen, die von jedem Druiden auswendig gelernt werden mußten.

Dies war aber so eingerichtet, besonders wohl durch das Verbot, die Gesänge aufzuschreiben daß dazu eine außerordentlich lange Zeit gehörte, bis zu zwanzig Jahren.

Durch diese lange Dauer des Lernens, bevor es überhaupt etwas Wesentliches zu verraten gibt, findet eine allmähliche Gewöhnung an die Verschwiegenheit statt, der Reiz des Ausplauderns fällt sozusagen nicht mit einem Male über den undisziplinierten Geist her, der sich auf diese Weise langsam daran anpassen kann, ihm zu widerstehen.

In viel weitergreifenden soziologischen Strukturzusammenhängen aber steht jene andere Bestimmung: daß die Gesänge nicht niedergeschrieben werden durften.

Das ist mehr als eine Schutzvorrichtung gegen die Enthüllungder Geheimnisse.

Das Angewiesensein auf den Unterricht von Person zu Person, und daß ausschließlich in dem Bunde und nicht in einem objektiven Schriftstück die Quelle der entscheidenden Belehrung fließt – dies knüpft den einzelnen Teilnehmer mit unvergleichlicher Enge an die Gemeinschaft, läßt ihn dauernd fühlen, daß er, von dieser Substanz gelöst, seine eigene verlieren und sie nirgends wiederfinden würde.

Man hat vielleicht noch nicht hinreichend beachtet, wie sehr in der reiferen Kultur die Vergegenständlichung des Geistes auf die Verselbständigung des Individuums wirkt.

Solange die unmittelbare Tradition, die individuelle Belehrung, vor allem auch: die Normsetzung durch personale Autoritäten noch das Geistesleben des Einzelnen bestimmen, ist er der umgebenden, lebendigen Gruppe solidarisch eingefügt, sie allein gibt ihm die Möglichkeit einer erfüllten und geistigen Existenz, die Richtung aller Kanäle, durch die ihm seine Lebensinhalte zufließen, läuft, in jedem Augenblick - fühlbar, nur zwischen seinem sozialen Milieu und ihm.

Sobald aber die Gattungsarbeit ihre Erträge in der Form der Schriftlichkeit, in sichtbaren Werken und dauernden Beispielen kapitalisiert hat, ist jene unmittelbare organische Saftströmung zwischen der aktuellen Gruppe und ihrem einzelnen Mitglied unterbrochen, statt daß der Lebensprozeß des letzteren ihn kontinuierlich und konkurrenzlos an jene band, kann er sich jetzt aus objektiven, der personalen Gegenwart unbedürftigen Quellen nähren.

Es ist relativ unwirksam, daß dieser jetzt bereitliegende Vorrat aus den Prozessen des gesellschaftlichen Geistes entstanden ist; nicht nur sind es oft weit zurückliegende, mit den Gegenwartsgefühlen des Individuums nicht mehr verbundene Generationen, deren Tun injenem Vorrat kristallisiert ist, sondern vor allem ist es die Form der Objektivität dieses Vorrates, seine Gelöstheit von dersubjektiven Persönlichkeit, wodurch dem Einzelnen eine übersoziale Nährquelle geöffnet und sein geistiger Inhalt nach Maß und Art viel merkbarer von seiner Aneignungsfähigkeit als von der zugemessenen Darbietung abhängig wird.

Die besondere Enge der Verknüpfung innerhalb der geheimen Gesellschaft, über die nachher noch zu sprechen ist, und die in dem spezifischen »Vertrauen« sozusagen ihre Gemütskategorie besitzt, lässt deshalb, wo die Tradierung geistiger Inhalte ihren Angelpunkt bildet, die schriftliche Fixierung derselben zweckmäßigerweise vermeiden.

Exkurs über den schriftlichen Verkehr

Bei diesen Fragen der Geheimhaltungstechnik ist nicht zu vergessen, dass keineswegs nur das Geheimnis ein Mittel ist, unter dessen Schutz die materialen Zwecke der Gemeinschaft gefördert werden sollen; sondern dass vielfach umgekehrt die Gemeinschaftsbildung ihrerseits dazu dienen soll, das Geheimbleiben gewisser Inhalte zu gewährleisten.

Das geschieht bei dem besonderen Typus geheimer Gesellschaften, deren Substanz eine Geheimlehre ist, ein theoretisches, mystisches, religiöses Wissen.

Hier ist das Geheimnis soziologischer Selbstzweck, es handelt sich um Erkenntnisse, die nicht in die Menge dringen sollen; die Wissenden bilden eine Gemeinschaft, um sich gegenseitig die Geheimhaltung zu garantieren.

Wären diese Wissenden eine bloße Summe unzusammenhängender Persönlichkeiten, so wäre das Geheimnis bald verloren, die Vergesellschaftung aber bietet jedem dieser Einzelnen einen psychologischen Halt, um ihn vor den Versuchungen des Ausplauderns zu bewahren.

Während das Geheimnis, wie ich hervorhob, isolierend und individualisierend wirkt, ist nun die Vergesellschaftung dafür ein Gegengewicht.

Alle Arten der Vergesellschaftung schieben das Individualisierungs- und das Sozialisierungsbedürfnis innerhalb ihrer Formen oder auch ihrer Inhalte hin und her, als würde der Forderung eines beharrenden Mischungsverhältnisses durch Einsetzung von qualitativ immer wechselnden Größen genügt: so gleicht die geheime Gesellschaft das Abscheidungsmoment, das jedem Geheimnis eigen ist, durch die Tatsache aus, dass sie eben Gesellschaft ist.

Geheimnis und individualistische Besonderung sind so entschiedene Korrelativa, dass die Vergesellschaftung jenem gegenüber zwei ganz entgegengesetzte Rollen spielen kann.

Sie kann einmal, wie eben betont, direkt gesucht werden, um, bei weiterbestehendem Geheimnis, seine isolierende Folge teilweise auszugleichen, um innerhalb des Geheimnisses dem Gemeinsamkeitstriebe zu genügen, den es nach außen hin abschneidet.
Andrerseits aber lässt das Geheimnis an Bedeutung nach, wo aus Gründen des Inhaltes die Besonderung als Prinzip perhorresziert wird.

Das Freimaurertum betont, dass es die allgemeinste Gesellschaft sein will, »der Bund der Bünde«, der einzige, der jeden Sonderzweck und mit ihm alles partikularistische Wesen ablehnt und ausschließlich das allen guten Menschen Gemeinsame zu seinem Material machen will.
Und Hand in Hand mit dieser, immer entschiedener werdenden Tendenz wächst die Vergleichgültigung des Geheimnischarakters für die Logen, seine Zurückziehung auf die bloßen formalen Äußerlichkeiten.

Dass das Geheimnis einmal durch Vergesellschaftung begünstigt, ein andermal aufgelöst wird, ist also durchaus kein Widerspruch; es sind nur verschiedene Formen, in denen sich sein Zusammenhang mit der Individualisierung ausdrückt - ungefähr wie sich der Zusammenhang der Schwäche mit der Furcht sowohl darin beweist, dass der Schwache Vergesellschaftung sucht, um sich zu schützen, wie dass er der Vergesellschaftung aus dem Wege geht, wenn er innerhalb ihrer größere Gefahren als in der Isolierung fürchtet.

- Die oben berührte gradweise Einweihung des Mitgliedes nun gehört einem sehr weitgreifenden soziologischen Formgebiet an, innerhalb dessen die geheimen Gesellschaften sich in besonderer Weise markieren: es ist das Prinzip der Hierarchie, der stufeunmäßigen Gliederung der Elemente einer Gesellschaft.

Die Feinheit und Systematik, mit der gerade geheime Gesellschaften ihre Arbeitsteilung und die Graduierung ihrer Mitglieder durchführen, hängt mit ihrem nachher zu erläuternden Zuge zusammen: mit der starken Bewusstheit ihres Lebens, das die organisch instinktiven Kräfte durch fortwährend regulierenden Willen, das Wachstum von innen her durch konstruierende Zweckmäßigkeit ersetzt.

Dieses Rationalistische ihres Aufbaues kann sich nicht sichtbarer ausdrücken, als in dessen abgewogener, deutlicher Architektonik.

So z. B. an der Struktur des früher erwähnten tschechischen Geheimbundes Omladina, die einer Gruppe der Karbonari nachgebildet ist und im Jahre 1893 durch eine Gerichtsverhandlung bekannt wurde.

Die Leiter der Omladina zerfallen in »Daumen« und »Finger«. In vertraulicher Sitzung .wird von den Anwesenden der »Daumen« gewählt; dieser wählt vier »Finger«; die Finger wählen dann wieder einen Daumen und dieser zweite Daumen stellt sich dem ersten Daumen vor.

Der zweite Daumen wählt wieder vier Finger und diese wieder einen Daumen, und so schreitet die Gliederung weiter fort; der erste Daumen kennt alle Daumen, aber die übrigen Daumen kennen einander nicht.

Von den Fingern kennen einander nur jene vier, die einem gemeinsamen Daumen untergeordnet sind.

Alle Handlungen der Omladina leitet der erste Daumen, der »Diktator«.

Dieser setzt die übrigen Daumen von allen beabsichtigten Unternehmungen in Kenntnis, die Daumen erteilen dann den ihnen untergeordneten Fingern die Befehle, und die Finger wieder den ihnen zugeteilten Mitgliedern der Omladina.

Dass die geheime Gesellschaft von ihrer Basis an durch Überlegung und bewussten Willen aufgebaut werden muss, gibt ersichtlich einen freien Spielraum für die eigenartige Lust, die ein solches willkürlich verfügendes Aufbauen, ein solches Entwerfen determinierender Schemata mit sich bringt.

Alle Systematik - der Wissenschaft, der Lebensführung, der Gesellschaft - enthält eine Machtbewährung, sie unterwirft einen Stoff, der außerhalb des Gedankens ist, einer Form, die der Gedanke geprägt hat.

Und wenn dies von allen Versuchen gilt, eine Gruppe prinzipienmässig zu organisieren, so gipfelt es sich in der geheimen Gesellschaft, die nicht erwächst, sondern erbaut wird, die mit einem geringeren Quantum schon geformter Teilstücke zu rechnen hat, als irgendeine despotische oder sozialistische Systematik.

Dem Plänemachen und dem Bautrieb, die schon an sich ein Machtwille sind, gliedert sich hier noch der besondere Anreiz an, in dem Aufstellen eines Schemas von Positionen und ihrer Rangverhältnisse über einen weiten, künftig und ideell untertänigen Kreis menschlicher Wesen determinierend zu verfügen.

Sehr bezeichnend löst sich diese Lust gelegentlich von jeglicher Zweckmäßigkeit los und tobt sich in völlig phantastischen Hierarchiebauten aus.

So z. B. in den »Hochgraden« der ausgearteten Freimaurerei; als bezeichnend führe ich nur einiges aus der Organisation des »Ordens der Afrikanischen Bauherren« an, der nach der Mitte des 18. Jahrhunderts in Deutschland und Frankreich entstand und, selbst nach freimaurerischen Prinzipien konstruiert, die Freimaurerei vernichten wollte.

Die Verwaltung der nur sehr kleinen Gesellschaft besorgten fünfzehn Beamte: Summus Magister, Summi Magistri locum tenens, Prior, Subprior, Magister usw.

Der Grade der Vereinigung waren sieben: der schottische Lehrling, der schottische Bruder, der schottische Meister, der schottische Ritter, der Eques regii, der Eques de secta consueta, der Eques silentii regii usf. Denselben Entwicklungsbedingungen wie die Hierarchie begegnet innerhalb der geheimen Gesellschaften die Bildung des Rituals; auch hier bewirkt die ihnen eigene Unpräjudiziertheit durch historische Organisationen, ihr Aufbau von einer selbstgelegten Basis aus, eine außerordentliche Freiheit und Reichtum der Formung.

Es gibt vielleicht keinen äußeren Zug, der die geheime Gesellschaft so entschieden und im typischen Unterschiede gegen die offene Gesellschaft charakterisierte, als die Wertung der Gebräuche, Formeln, Riten, und deren eigentümliches Präponderanz- und Gegensatzverhältnis zu den Zweckinhalten des Bundes.

Diese werden manchmal weniger ängstlich gehütet, als das Geheimnis des Rituals.

Die fortgeschrittene Freimaurerei betont ausdrücklich, sie sei keine geheime Verbindung, sie hätte keine Veranlassung, die Zugehörigkeit zu ihr, ihre Absichten und Handlungen zu verbergen; das Gelübde der Verschwiegenheit beziehe sich ausschließlich auf die Formen des maurerischen Ritus.

Sehr bezeichnend bestimmt der Studentenorden der Amizisten, Ende des 18. Jahrhunderts, in § 1 seiner Statuten -: »Jedes Mitgliedes heiligste Pflicht ist: das tiefste Schweigen über solche Sachen zu halten, die das Wohl des Ordens betreffen. Dahin gehören: Ordens- und Erkennungszeichen, Namen der Brüder, Feierlichkeiten usw.«

Nachher wird in demselben Statut der Zweck und das Wesen des Ordens unverhüllt und genau angegeben.

In einem wenig umfangreichen Buche, das die Konstitution und das Wesen der Karbonari beschreibt, füllt die Aufzählung der Formeln und Gebräuche bei der Aufnahme neuer Mitglieder und bei Zusammenkünften 75 Druckseiten!

Es bedarf keiner weiteren Beispiele; die Rolle des Rituals in den geheimen Gesellschaften ist bekannt genug, von den religiös-mystischen Bünden des Altertums einerseits bis zu den Rosenkreuzern des 18. Jahrhunderts, andrerseits bis zu den verruchtesten Verbrecherbanden.

Die soziologischen Motivierungen dieses Zusammenhanges sind etwa folgende.

Das Auffällige an der Behandlung des Rituals in den geheimen Gesellschaften ist nicht nur die Strenge seines Beobachtetwerdens, sondern vor allem die Ängstlichkeit, mit der es als Geheimnis gehütet wird - als wäre seine Enthüllung genau so verderblich wie die der Zwecke und Aktionen, oder etwa der Existenz der Gesellschaft überhaupt.

Die Zweckmäßigkeit davon ist wahrscheinlich, dass durch diese Einbeziehung eines ganzen Komplexes äußerer Formen in das Geheimnis der ganze Aktions- und Interessenbezirk der geheimen Gesellschaft erst eine abgerundete Einheit wird.

Die geheime Gesellschaft muss suchen, unter den ihr eigentümlichen Kategorien eine Art Lebenstotalität zu schaffen; um ihren Zweckinhalt, den sie scharf betont, baut sie deshalb ein Formelwesen, wie einen Körper um die Seele, und stellt beides gleichmäßig unter den Schutz des Geheimnisses, weil es erst so ein harmonisches Ganzes wird, in dem ein Teil den andren stützt.

Dass dabei die Heimlichkeit des Äußerlichen besonders stark betont wird, ist deshalb erforderlich, weil sie hier nicht so selbstverständlich und durch das unmittelbare Interesse gefordert ist, wie bei dem sachlichen Zweck des Bundes.

Dies verhält sich nicht anders, als etwa beim Militär und bei der religiösen Gemeinde.

Dass in beiden der Schematismus, das Formelwesen, die Fixierungen des Benehmens einen so breiten Raum einnehmen, erklärt sich ganz im allgemeinen dadurch, dass beide den Menschen ganz fordern, d. h. dass jedes von ihnen das ganze Leben auf je eine besondere Ebene projiziert, jedes eine Vielheit von Kräften und Interessen unter einem besonderen Gesichtswinkel zu einer geschlossenen Einheit zusammenwachsen lässt.

Dies eben pflegt auch die geheime Gesellschaft zu erstreben: es gehört zu ihren Wesenszügen, dass sie auch da, wo sie die Individuen nur nach partiellen Interessen ergreift, wo sie inhaltlich ein reiner Zweckverband ist, doch in höherem Maße den ganzen Menschen beansprucht, die Persönlichkeiten mehr in ihrem ganzen Umfange miteinander verbindet und gegeneinander verpflichtet, als eben derselbe Zweckinhalt es innerhalb einer offenen Gesellschaft tun würde.

Indem die Symbolik des Ritus eine Weite unsicher begrenzter Gefühle aufregt, über alle verstandesmäßigen Einzelinteressen hinaus, verwebt die geheime Gesellschaft diese letzteren in eine Gesamtbeanspruchung des Individuums.

Durch die rituelle Form erweitert sich der Sonderzweck der geheimen Gesellschaft zu einer geschlossenen, sowohl soziologischen wie subjektiven, Einheit und Ganzheit.

Es kommt dazu, dass durch solchen Formalismus ebenso wie schon durch die Hierarchie, die geheime Gesellschaft sich zu einer Art Gegenbild der offiziellen Welt macht, zu der sie sich in Gegensatz stellt.

Es ist die allenthalben hervortretende soziologische Norm: dass Gebilde, die sich in Opposition und Absonderung größeren, sie umfassenden, entgegenstellen, die Formen dieser dennoch in sich wiederholen.

Nur ein Gebilde, das irgendwie als ein Ganzes gelten kann, ist imstande, seine Elemente stark an sich zu halten; die Art der organischen Geschlossenheit, vermöge deren seine Glieder wirklich von einem einheitlichen Lebensstrom durchkreist werden, entlehnt es jenem größeren Ganzen, an dessen Formen seine Individuen angepasst waren und dem es gerade durch diese Nachahmung am ehesten ein Paroli bieten kann.

Das gleiche Verhältnis ergibt endlich noch das folgende Motiv für die Soziologie des Rituals in der geheimen Gesellschaft.

Jede solche enthält ein Maß von Freiheit, welches eigentlich in der Struktur der umgebenden Gesamtgruppe nicht vorgesehen ist.

Mag die geheime Gesellschaft nun, wie die Ferne, die unzulängliche Rechtsübung des politischen Kreises ergänzen, oder mag sie, wie die Verschwörung oder Verbrecherbande, sich gegen dessen Recht auflehnen, oder mag sie sich, wie die Mysterien, jenseits der Gebote und Verbote des größten Kreises halten - immer hat die Heraussonderung, die die geheime Gesellschaft charakterisiert, den Ton einer Freiheit, es ist mit ihr ein Gebiet betreten, auf das die Normen der Umgebung sich nicht erstrecken.

Das Wesen der geheimen Gesellschaft als solcher ist Autonomie.
Aber es ist eine solche, die sich der Anarchie nähert, das Heraustreten aus dem Bindungsrayon der Allgemeinheit hat für die geheime Gesellschaft leicht Wurzellosigkeit, einen Mangel an festem Lebensgefühl und normierenden Rückhalten zur Folge.

Dieses Manko nun ist es, dem die Bestimmtheit und Detalliertheit ihres Rituals zu Hilfe kommt.

Es zeigt sich auch hier, wie sehr der Mensch einer bestimmten Proportion zwischen Freiheit und Gesetz bedarf und sich, wo die Maßbestimmung beider ihm nicht aus einer Quelle kommt, das gegebene Quantum der einen durch ein, aus irgendwelchen andern Quelle beschafftes Quantum der andern zu ergänzen strebt, bis jene Proportion erreicht ist.

Mit dem Ritual legt sich die geheime Gesellschaft freiwillig einen formalen Zwang auf, den ihre materiale Gelöstheit und Fürsichsein als Komplement fordert.

Es ist bezeichnend, dass es unter den Freimaurern gerade die amerikanischen - die also der größten politischen Freiheit genießen - sind, von denen die strengste Einheit in der Arbeitsweise, die größte Uniformität des Rituals aller Logen gefordert wird; während in Deutschland - wo das anderweitig hinreichend starke Bindungsquantum es nicht leicht zu einer Gegenforderung im Sinne einer Freiheitsbeschränkung kommen lässt - eine größere Freiheit in der Art, wie die einzelne Loge arbeitet, geübt wird.

Der sachlich oft völlig sinnlose, schematische Zwang des Rituals der geheimen Gesellschaft ist also durchaus kein Widerspruch gegen ihre bis zur Anarchie gehende Freiheit, ihre Losbindung von den Normen des Kreises, der sie umfasst, sondern im Gegenteil: wie die starke Verbreitung geheimer Gesellschaften in der Regel ein Beweis für öffentliche Unfreiheit, polizeiliche Reglementierungssucht, politische Bedrückung ist, eine Reaktion des Freiheitsbedürfnisses - so weist umgekehrt die innere, rituelle Reglementierung dieser Gesellschaften auf ein Maß von Freiheit und Gelöstheit hin, für das die Balance des menschlichen Wesens nun jenen Schematismus als eine Gegennormierung fordert.

Diese letzten Überlegungen haben schon auf das methodische Prinzip geführt, von dem aus ich die noch ausstehenden Züge geheimer Gesellschaften analysieren will: inwieweit diese nämlich sich als im wesentlichen quantitative Modifikationen der typischen Züge der Vergesellschaftung überhaupt darstellen.

Die Begründung dieser Vorstellungsart der geheimen Gesellschaft führt über eine nochmalige Betrachtung ihrer Stellung in dem soziologischen Formenkomplex.

Das Geheime an den Gesellschaften ist eine primäre soziologische Tatsache, eine bestimmte Art und Färbung des Zusammen, eine formale Beziehungsqualität, in unmittelbarer oder

mittelbarer Wechselwirkung mit andern solchen den Habitus des Gruppenelementes oder der Gruppe bestimmend.

Historisch angesehen dagegen ist die geheime Gesellschaft ein sekundäres Gebilde, d. h. sie entsteht immer nur innerhalb einer schon perfekten Gesellschaft.

Anders ausgedrückt: die geheime Gesellschaft ist in sich selbst durch ihr Geheimnis ebenso charakterisiert, wie andere - oder auch sie selbst - durch ihre Über- und Unterordnung oder ihre Angriffszwecke oder ihren Nachahmungscharakter; dass sie aber als so charakterisierte sich bilden kann, ist nur unter der Voraussetzung einer sonst schon gebildeten möglich.

Sie setzt sich dem weiteren Kreise innerhalb dieses selbst als ein engerer entgegen; dieses Entgegen ist, welches auch ihr Zweck sei, jedenfalls im Sinne der Abschließung gemeint; selbst diejenige geheime Gesellschaft, die nur der Gesamtheit einen bestimmten Dienst völlig selbstlos leisten und sich nach dessen Vollbringung auflösen will, hält ersichtlich ihre temporäre Aussonderung aus jener Gesamtheit für die unumgängliche Technik zu ihrem Zweck.

So gibt es von den vielen engeren Gruppen, die von größeren umschlossen sind, durchaus keine, die durch ihre soziologische Konstellation so stark ihre formale Selbstgenugsamkeit betonen müsste.

Ihr Geheimnis umgibt sie wie eine Grenze, jenseits deren es nur material oder wenigstens formal Entgegengesetztes gibt, und die sie deshalb in sich zu einer vollendeten Einheit zusammenschließt.

In den Gruppierungen jeder anderen Art kann der Inhalt des Gruppenlebens, können die Aktionen der Mitglieder in Rechten und Pflichten das Bewusstsein dieser so erfüllen, dass darin die formale Tatsache der Vergesellschaftung normalerweise kaum eine Rolle spielt; die geheime Gesellschaft aber kann ihren Mitgliedern das deutliche und betonte Bewusstsein, dass sie eben eine Gesellschaft bilden, gar nicht verschwinden lassen: das stets fühlbare und zu bewahrende Pathos des Geheimnisses verleiht der Bundesform, die an diesem hängt, dem Inhalte gegenüber eine, mit andern Verbindungen verglichen, überwiegende Bedeutung.

Der geheimen Gesellschaft fehlt völlig das organische Wachstum, der Instinktcharakter in der Akkumulierung, jede unbefangene Selbstverständlichkeit des Zueinandergehörens und Einheitbildens.
Ihre Inhalte mögen noch so irrationelle, mystische, gefühlsmäßige sein - die Art ihres Sich-Bildens ist durchaus bewusst und gewollt.

Durch das in ihrem Zustandekommen und ihrem Leben dauernd akzentuierte Bewusstsein, Gesellschaft zu sein, ist sie das Gegenteil aller triebhaften Gemeinschaften, bei denen die Vereinigung mehr oder weniger nur der Ausdruck eines wurzelhaften Zusammengewachsenseins ihrer Elemente ist: ihre sozialpsychologische Form ist durchaus die des Zweckverbandes.

Diese Konstellation macht begreiflich, dass die Formbestimmtheiten der Kreisbildung überhaupt in der geheimen Gesellschaft eine spezifische Verschärfung gewinnen, und dass wesentliche soziologische Züge ihrer sich als bloße Quantitätssteigerung ganz allgemeiner Beziehungstypen entwickeln.

Einer derselben ist schon angedeutet: die Charakterisierung und der Zusammenhalt des Kreises durch den Abschluss gegen die soziale Umgebung.

In diesem Sinne wirken die oft umständlichen Erkennungszeichen, durch die sich das einzelne Mitglied als der Gesellschaft zugehörig legitimiert - und zwar waren sie in den Zeiten vor allgemeinerer Verbreitung der Schrift gerade zu diesem Behuf unumgänglicher als später, wo ihre andern soziologischen Zweckdienlichkeiten die der bloßen Legitimation überragen.

Solange es an Aufnahmebestätigungen, Avisierungen, Signalements fehlte, hatte eine Verbindung, deren Unterabteilungen sich an verschiedenen Orten befanden, gar kein Mittel, Unbefugte auszuschließen, ihre Wohltaten oder Mitteilungen nur an die wirklich Berechtigten gelangen zu lassen, außer durch Zeichen, die nur diesen letzteren offenbart wurden, zu deren Geheimhaltung sie verpflichtet waren und durch die sie sich an jedem beliebigen Sitz der Verbindung als Mitglieder legitimieren konnten.

Den Abscheidungszweck gerade charakterisiert sehr deutlich die Entwicklung, die gewisse Geheimbünde bei Naturvölkern, besonders in Afrika und unter den Indianern, genommen haben.

Diese Bünde sind nur von Männern gebildet und verfolgen im wesentlichen die Absicht, deren Absonderung von den Frauen zu markieren.

Die Mitglieder erscheinen, sobald sie als solche in Aktion treten, in Masken, und es pflegt den Frauen bei schwerer Strafe verboten zu sein, sich ihnen zu nähern. Dennoch ist es den Frauen hier und da gelungen, hinter das Geheimnis zu kommen, dass die schreckhaften Erscheinungen keine Gespenster, sondern ihre Männer sind.

Wo das geschah, haben die Bünde oft ihre ganze Bedeutung verloren und sind zu einem harmlosen Mummenschanz geworden.

Das undifferenziert-sinnliche Vorstellen des Naturmenschen kann sich die Abscheidung, die er zu betonen wünscht, gar nicht vollkommener denken, als dass sich die zu ihr Strebenden und Berechtigten verstecken, sich unsichtbar machen.

Das ist die roheste und äußerlich radikalste Art des Verheimlichens, dass nicht nur ein einzelnes Tun des Menschen, sondern gleich der ganze Mensch sich verheimlicht: der Bund tut nicht etwas Geheimnisvolles, sondern die Gesamtheit seiner Träger macht sich zum Geheimnis.

Diese Form des Geheimbundes entspricht vollkommen der primitiven Geistesstufe, in der noch das ganze Subjekt in jeder besonderen Betätigung völlig aufgeht, wo diese noch nicht hinreichend objektiviert ist, um ihr einen Charakter zu lassen, den nicht gleich der ganze Mensch teilt.

Daher ist ebenso begreiflich, dass, sobald das Maskengeheimnis durchbrochen ist, die ganze Separierung hinfällig wird und der Bund mit seinem Mittel und seiner Äußerung zugleich seine innere Bedeutung verliert.

Die Scheidung hat hier den Sinn eines Wertausdrucks: man sondert sich ab, weil man sich mit den andern Wesen nicht gemein machen, weil man die eigene Superiorität diesen gegenüber fühlbar machen will.
Allenthalben führt dies Motiv zu Gruppenbildungen, welche von denen zu sachlichen Zwecken ersichtlich scharf unterschieden sind.

Indem diejenigen, die sich abheben wollen, sich zusammenschließen, entsteht eine Aristokratie, die die Position und das Selbstbewusstsein der Einzelnen durch das Gewicht ihrer Summe stärkt und sozusagen verbreitert.

Dass Absonderung und Gruppenbildung so durch das aristokratisierende Motiv verbunden werden, gibt jener in vielen Fällen von vornherein das Cachet des »Besonderen« im Sinne des Wertes: es ist schon in Schulklassen bemerkbar, wie engere, sich zusammenschließende Kameradenkreise schon durch die bloß formale Tatsache, eine Sondergruppe zu bilden, den andern, unorganisierten gegenüber sich als eine Elite dünken, und dass diese durch ihre Feindseligkeit und Missgunst solchen Höherwert unfreiwillig anerkennen.

In diesen Fällen ist Geheimnis und Geheimnistuerei eine Höherführung der Mauer gegen außen und damit eine Verstärkung des aristokratischen Gruppencharakters.

Diese Bedeutung der Geheimverbindung als Steigerung des soziologischen Sich-Abschließens überhaupt, tritt in den politischen Aristokratien markant hervor.

Zu den Requisiten aristokratischer Herrschaft hat von jeher die Heimlichkeit gehört.

Sie nutzt die psychologische Tatsache, daß das Unbekannte als solches schreckhaft, mächtig, bedrohend erscheint, zunächst damit aus, daß sie die numerische Geringfügigkeit der herrschenden Klasse zu verstecken sucht.

In Sparta hielt man die Zahl der Krieger möglichst geheim, und den gleichen Zweck wollte man in Venedig durch die Verordnung einfach schwarzer Tracht aller Nobili erreichen: dem Volk sollte nicht eine auffallende Tracht die geringe Zahl der Machthaber augenscheinlich machen.

Dies steigerte sich dort bis zur vollkommenen Verborgenheit des Kreises der höchsten Machthaber. die Namen der drei Staatsinquisitoren kannte niemand außer dem Rat der Zehn, der sie wählte.

In einigen Schweizer Aristokratien hieß eines der wichtigsten Ämter geradezu die Heimlichen, und in Freiburg wurden die aristokratischen Familien »die heimlichen Geschlechter« genannt.

Im Gegensatz dazu ist mit dem demokratischen Prinzip das der Öffentlichkeit verbunden und, in der gleichen Gesinnung, die Tendenz auf allgemeine und Grundgesetze.

Denn solche beziehen sich auf eine unbegrenzte Zahl von Subjekten und sind deshalb ihrem Wesen nach öffentlich.

Umgekehrt ist die Benutzung des Geheimnisses innerhalb des aristokratischen Regimes nur die äußerste Steigerung jener sozialen Abschließung und Exemtion, derentwegen die Aristokratie einer allgemeinen, fundamental festgelegten Gesetzgebung zu widerstreben pflegt.

Wo der Begriff des Aristokratischen von der Politik einer Gruppe auf die Gesinnung eines Individuums übergeht, gewinnt das Verhältnis von Absonderung und Heimlichkeit eine der Erscheinung nach völlig veränderte Stufe.

Die vollkommene Vornehmheit in sittlicher und in geistiger Hinsicht verschmäht jedes Verbergen, weil ihre innere Sicherheit sie gleichgültig dagegen macht, was andre von uns wissen oder nicht wissen, ob sie uns richtig oder falsch, hoch oder niedrig schätzen; die Heimlichkeit ist ihr eine Konzession an die Außenstehenden, eine Abhängigkeit des Benehmens von der Rücksicht auf sie.

Darum ist die »Maske«, die so mancher für das Zeichen und den Beweis seiner aristokratischen, der Menge abgewandten Seele hält, gerade der Beweis der Bedeutung, die die Menge für ihn hat.

Die Maske des wahrhaft Vornehmen ist, daß die Vielen ihn doch nicht verstehen, ihn sozusagen überhaupt nicht sehen, auch wenn er sich hüllenlos zeigt.

Die Scheidung gegen alles Ausserhalb-des-Kreises, die, als allgemeine soziologische Formtatsache. sich des Geheimnisses als einer steigernden Technik bedient, gewinnt eine besondere Färbung durch die Mehrheit der Grade, in der die Einweihung in die geheimen Gesellschaften bis zu ihren letzten Mysterien hin zu erfolgen pflegt und die uns vorhin schon einen andern soziologischen Zug der geheimen Gesellschaft beleuchtete.

In der Regel wird von dem Novizen das feierliche Versprechen der Geheimhaltung alles dessen, was er erfahren wird, verlangt, bevor die Aufnahme auch nur in den erster Grad erfolgt.

Damit ist die absolute und formale Scheidung, die das Geheimnis leisten kann, bewirkt.

Allein indem so der eigentliche Inhalt oder Zweck des Bundes dem Eingetretenen erst allmählich zugängig wird - sei dieser die vollendete Reinigung und Heiligung der Seele durch die Weihen der Mysterien, sei es die absolute Aufhebung jeder moralischen Schranke, wie bei den Assassinen und andern Verbrechergesellschaften - wird die Scheidung in materialer Beziehung anders gestaltet: kontinuierlicher, relativer.

Der Neueingetretene steht bei diesem Modus dem Zustand des Nicht-Teilhabers noch näher, es bedarf von diesem her der Prüfung und Erziehung, bis zu dem Erfassen des Ganzen oder des Zentrums der Vereinigung.

Dadurch aber wird ersichtlich eine Geschütztheit dieses letzteren, eine Isolierung seiner gegen das Äußere erreicht, die über die durch jenen Eintrittseid gewonnene hinausgeht: es wird dafür gesorgt, - wie schon gelegentlich des Beispiels der Druiden gezeigt wurde - daß der noch Unerprobte auch nicht viel zu verraten hat, indem innerhalb des prinzipiellen Geheimnisses, das den Bund als ganzen umgibt, nun noch die graduelle Geheimhaltung gleichsam eine elastische Schutzsphäre für sein Innerlichstes und Wesentlichstes herstellt.

Der Gegensatz der exoterischen und der esoterischen Mitglieder, wie er dem Pythagoreerbunde zugeschrieben wird, ist die markanteste Form dieser Schutzvorrichtung. Der Kreis der nur teilweise Eingeweihten bildet gewissermaßen einen Puffer-Rayon gegen die gar nicht Eingeweihten.

Wie es allenthalben die Doppelfunktion des »Mittleren« ist, zu verbinden und zu trennen, oder vielmehr, wie er nur eine Rolle spielt, die wir aber, je nach unseren auffassenden Kategorien und nach der Richtung unseres Blickes, bald als verbindende, bald als trennende bezeichnen -

so zeigt sich hier die Einheit der äußerlich einander entgegenlaufenden Tätigkeiten im hellsten Lichte: gerade weil die niederen Grade des Bundes einen vermittelnden Übergang zu dem eigentlichen Zentrum des Geheimnisses bilden, schaffen sie die allmähliche Verdichtung der Repulsionssphäre um dieses herum, die es sicherer schützt, als die Schroffheit eines radikalen Ganz-darinnen- oder Ganz-draussen-Seins es könnte. -

Das soziologische Fürsichsein stellt sich in praktischer Wendung als Gruppenegoismus dar: die Gruppe verfolgt ihre Zwecke mit derjenigen Rücksichtslosigkeit gegen die Zwecke der Gebilde außerhalb ihrer, die am Individuum eben Egoismus heißt.

Für das Bewußtsein der Einzelnen pflegt sie sich freilich dadurch eine sittliche Rechtfertigung anzueignen, daß die Gruppenzwecke an und für sich einen überindividuellen, objektiven Charakter tragen, daß man oft keine Einzelperson nennen kann, die von dem gruppenegoistischen Verfahren unmittelbar profitierte, ja, daß dieses oft von seinen eigenen Trägern Selbstlosigkeit und Opfer fordert.

Hier aber handelt es sich nicht um die ethische Wertung, sondern um die Abtrennung der Gruppe von ihrer Umgebung, die der Gruppenegoismus bewirkt oder bezeichnet.

Dieser wird nun aber an einem kleineren Kreise, der sich innerhalb eines größeren erhalten und entwickeln will, eine gewisse Grenze haben, solange er vor aller Augen existiert.

Eine offene Vereinigung nämlich mag noch so heftig gegen andre desselben größeren Verbandes oder gegen die Gesamtverfassung dieses ankämpfen - sie wird dennoch immer behaupten müssen, daß die Realisierung ihrer letzten Zwecke dem Ganzen zum Vorteil gereiche, und die Notwendigkeit dieser äußerlichen Behauptung wird dem tatsächlichen Egoismus ihres Handelns jedenfalls irgendeine Schranke auferlegen.

Bei geheimen Gesellschaften fällt diese Notwendigkeit fort und es ist wenigstens die Möglichkeit jener absoluten Feindseligkeit gegen andre bzw. gegen das Ganze gegeben, die die offene Gesellschaft nicht zugeben und also auch nicht unbedingt ausüben kann.

Durch nichts wird die Gelöstheit der geheimen Gesellschaften von ihrer sozialen Umgebung so entschieden symbolisiert oder auch gefördert, als durch den Fortfall jener Heuchelei oder tatsächlichen Kondeszendenz, die die offene Gesellschaft unerläßlich in die Teleologie der umgebenden Gesamtheit einordnet.

Trotz der tatsächlichen quantitativen Abgrenzung jeder wirklichen Gemeinschaft, gibt es doch eine erhebliche Reihe solcher, deren innere Tendenz die ist: wer nicht ausgeschlossen ist, ist eingegeschlossen.

Innerhalb gewisser politischer, religiöser, standesmäßiger Peripherien wird ein jeder, der bestimmten äußeren, meistens nicht willensmäßigen, sondern mit seiner Existenz gegebenen Bedingungen genügt, ohne weiteres als »dazugehörig« gerechnet.

Wer z. B. in dem Staatsterritorium geboren ist, der ist, wo nicht besondere Verhältnisse ihn zu einer Ausnahme machen, ein Mitglied des vielfach komplizierten Staatsverbandes; der Angehörige einer bestimmen Gesellschaftsklasse wird selbstverständlich in die sozialen Konventionen und Verbindungsformen derselben einbezogen, wenn er nicht zum freiwilligen oder unfreiwilligen Outsider wird; das Extrem bildet der Anspruch einer Kirche, eigentlich die Gesamtheit des Menschengeschlechtes zu umfassen, so daß nur historische Zufälle, sündhafte Verstocktheit oder eine besondere Absicht Gottes irgendwelche Wesen von dem ideell auch für sie geltenden religiösen Verbande ausschlösse.

Hier scheiden sich also zwei Wege, die ersichtlich eine prinzipielle Differenzierung des soziologischen Sinnes der Gesellschaften überhaupt bedeuten, so sehr die Praxis sie mischen oder ihre Schärfe herabmindern mag: dem Grundsatz, daß eingeschlossen ist, wer nicht ausdrücklich ausgeschlossen ist, steht der andere gegenüber, daß ausgeschlossen ist, wer nicht ausdrücklich eingeschlossen ist. Den letzteren Typus stellen die geheimen Gesellschaften in der entschiedensten Reinheit dar.

Die Unbedingtheit ihrer Abscheidung, von der Bewußtheit bei jedem Schritt ihrer Entwicklung getragen, hat zur Folge wie zur Ursache, daß der nicht ausdrücklich Aufgenommene eben damit ausdrücklich ausgeschlossen ist.

Der Freimaurerbund konnte seine neuerdings stark betonte Behauptung, daß er kein eigentlicher »Geheimbund« wäre, nicht besser stützen, als durch sein gleichzeitig geäußertes Ideal, alle Menschen zu umfassen und die Menschheit als ganze darzustellen.

Der Steigerung des Abschlusses nach außen entspricht hier wie überall eine ebensolche des Zusammenschlusses nach innen, da dies nur die zwei Seiten oder Erscheinungsformen eines und desselben soziologischen Verhaltens sind.

Ein Zweck, der den Menschen veranlaßt, eine geheime Verbindung mit andren einzugehen, schließt allermeistens von vornherein einen so überwiegenden Teil seines allgemeinen sozialen Kreises von der Teilnehmerschaft aus, daß die möglichen und wirklichen Teilnehmer einen Seltenheitswert bekommen.

Mit diesen darf der Einzelne es nicht verschütten, weil sie nur sehr viel schwerer durch andre ersetzt werden können, als es ceteris paribus in einem legitimen Bunde geschehen kann.

Dazu kommt, daß jede Zwistigkeit innerhalb der geheimen Gesellschaft die Gefahr des Verrates mit sich bringt, zu deren Vermeidung in diesem Falle die Selbsterhaltung des Einzelnen mit der des Ganzen zusammenzuwirken pflegt.

Endlich fallen durch die Gelöstheit der geheimen Gesellschaft aus den umgebenden sozialen Synthesen eine Reihe von Konfliktsanlässen hinweg.

Unter allen Bindungen des Individuums nimmt die durch geheime Vergesellschaftung immer eine Exemtionsstellung ein, der gegenüber die offenen - familiäre und staatliche, religiöse und wirtschaftliche, klassenmäßige und freundschaftliche, so mannigfaltig ihr Inhalt sei, doch ein ganz andres Maß und Art von Berührungsflächen haben.

Erst der Gegensatz gegen die geheimen Gesellschaften macht klar, daß die Ansprüche jener, sozusagen in einer Ebene liegend, durcheinandergehen; und wie sie gleichsam einen offenen Konkurrenzkampf um die Kraft und das Interesse des Individuums führen, so stoßen innerhalb des einzelnen dieser Kreise die Individuen hart zusammen, weil ein jedes zugleich von den Interessen anderweitiger Kreise beansprucht ist.

Derartige Kollisionen sind angesichts der soziologischen Isoliertheit der geheimen Gesellschaft sehr eingeschränkt.

Ihren Zwecken und ihrem Betriebe entspricht, daß konkurrierende Interessen aus jener Dimension der offenen Verbindungen vor der Tür gelassen werden.

Jede geheime Gesellschaft übt - schon weil sie ihre Dimension allein zu füllen pflegt, da ein Individuum kaum je mehreren geheimen Gesellschaften angehören wird - eine Art absoluter Herrschaft über ihre Mitglieder, die es unter diesen zu Konflikten, wie sie aus der Koordination jener andren entstehen, nicht so leicht kommen läßt.

Der »Burgfriede«, der eigentlich innerhalb jeder Vereinigung herrschen sollte, ist innerhalb der geheimen durch deren eigentümliche und Ausnahmebedingungen in formal unübertrefflicher Weise begünstigt.

Ja, es scheint, als ob noch ganz abgesehen von diesem realistischeren Grunde, schon die bloße Form des Geheimnisses als solchen die Teilnehmer von sonstigen Beeinflussungen und Störungen freier hielte und ihnen dadurch die Konkordanz erleichterte.

Ein englischer Politiker hat in dem Geheimnis, welches das englische Kabinett umgibt, den Grund seiner Stärke gesucht: jeder, der im öffentlichen Leben tätig gewesen, wisse, daß eine kleine Anzahl von Leuten desto leichter in Uebereinstimmung zu bringen sei, je geheimer ihre Verhandlungen seien.

Dem besonderen Kohäsionsmaße innerhalb der geheimen Gesellschaften entspricht die Entschiedenheit ihrer Zentralisierung: sie geben Beispiele eines so unbedingten und blinden Gehorsams gegenüber den Anführern, wie er zwar natürlich auch anderweitig vorkommt, hier aber angesichts des oft anarchischen und alles sonstige Gesetz negierenden Charakters der Vereinigung besonders merkwürdig ist.

Je verbrecherischer die Zwecke der geheimen Gesellschaft sind, desto unbeschränkter pflegt die Macht der Anführer zu sein und desto grausamer ausgeübt zu werden.

Die Assassinen in Arabien, die Chauffeurs - eine besonders im 18. Jahrhundert in Frankreich wütende Räuberbande von verzweigter Organisation-, die Gardunas in Spanien, eine Verbrechergesellschaft, die vom 17. bis Anfang des 19. Jahrhunderts in Beziehungen zur Inquisition stand - alle diese, deren Wesen Gesetzlosigkeit und Rebellion waren, standen unter einem Oberhaupt, das sie sich teilweise selbst setzten und dem sie sich ohne jede Kritik und Bedingung beugten.

Hierzu wirkt nicht nur die Korrelation der Bedürfnisse nach Freiheit und nach Bindung, wie sie an der Strenge des Rituals hervortritt, und die hier die Extreme beider zusammenfaßt: das Übermaß von Freiheit, das solche Bünde gegenüber allen sonst gültigen Normen besaßen, mußte um des Gleichgewichts des Lebensgefühles willen durch ein gleiches Übermaß von Unterworfenheit und Verzicht auf eigenen Willen ausgeglichen werden.

Aber wesentlicher war doch wohl die Notwendigkeit der Zentralisierung, die die Lebensbedingung der geheimen Gesellschaft ist; und zwar insbesondere, wenn sie, wie eine Verbrechergesellschaft, von den umgebenden Kreisen lebt, sich in sehr mannigfaltigen Ausstrahlungen und Aktionen in diese mischt und durch Verrat und Interessenablenkung schwer bedroht ist, sobald nicht der unbeugsamste Zusammenhalt von einem Zentrum her in ihr herrscht.

Es ist deshalb bezeichnend, daß die geheime Gesellschaft, wenn es in ihr aus irgendwelchen Gründen zu keiner streng zusammenhaltenden Autorität kommt, besonders schweren Gefahren ausgesetzt ist.

Die Waldenser waren ihrem Wesen nach durchaus keine geheime Gesellschaft, sondern wurden es, im 13. Jahrhundert, nur durch den äußeren Zwang, sich verborgen zu halten.

Dadurch wurde es ihnen unmöglich, sich regelmäßig zu versammeln, und dies wiederum ließ ihre Lehre die Einheit verlieren; es entstanden eine Anzahl gesondert lebender und sich entwickelnder Abzweigungen, die oft einander feindlich gegenüberstanden.

Sie verfielen der Schwäche, weil ihnen das notwendige und ergänzende Attribut der Geheimverbindung, die ununterbrochen wirksame Zentralisierung, fehlte.

Und daß die Machtbedeutung des Freimaurerbundes offenbar nicht ganz in Verhältnis zu seiner Ausdehnung und seinen Mitteln steht, liegt wohl an der weitgehenden Autonomie seiner Bestandteile, die weder eine einheitliche Organisation noch eine Zentralbehörde besitzen.

Indem sich ihre Gemeinsamkeiten nur auf Grundsätze und Erkennungszeichen erstrecken, sind sie nur solche der Gleichheit und der Beziehung von Person zu Person, aber nicht der Zentralisation, die die Kräfte der Elemente zusammenhält und die das Korrelat der Abgesondertheit der geheimen Gesellschaft ist.

Es ist nichts als eine Exaggeration dieses formalen Motivs, daß geheime Gesellschaften oft von unbekannten Oberen geleitet werden: die niederen Grade sollen nicht wissen, wem sie gehorchen.

Dies geschieht freilich zunächst der Bewahrung des Geheimnisses wegen und steigert sich in dieser Absicht bis zu der Konstruktion einer geheimen Gesellschaft in Italien, der Welfischen Ritter, die anfangs des 19. Jahrhunderts an der Befreiung und Einigung Italiens arbeitete: sie hatte an ihren verschiedenen Sitzen je einen höchsten Rat von sechs Personen, die sich gegenseitig nicht kannten, sondern nur durch eine Mittelsperson, die »der Sichtbare« hieß, miteinander verkehrten.

Allein dies ist keineswegs die einzige Zweckdienlichkeit der geheimen Oberen.

Sie bedeuten vielmehr die äußerste, abstrakteste Sublimierung zentralistischer Abhängigkeit.

Die Spannung zwischen dem Abhängigen und seinem Führer erreicht den höchsten Grad, indem der letztere außer Sehweite rückt, es bleibt die reine, sozusagen unbarmherzige, durch keine persönliche Färbung modifizierte Tatsache des Gehorsams schlechthin übrig, aus der der Superordinierte als Subjekt verschwunden ist.

Wenn schon der Gehorsam gegen eine unpersönliche Instanz, gegen ein bloßes Amt, gegen den Träger eines objektiven Gesetzes, den Charakter unbiegbarer Strenge hat, so steigert sich dieser noch bis zu einer unheimlichen Absolutheit, sobald die befehlende Persönlichkeit prinzipiell verborgen bleibt.

Denn wenn zugleich mit der Sichtbarkeit und Bekanntheit des Beherrschenden freilich auch die individuelle Suggestion, die Gewalt der Persönlichkeit dem Befehlsverhältnis fehlt, so verschwinden aus ihm doch auch die Einschränkungen, das bloß Relative und sozusagen »Menschliche«, das der erfahrbaren, singulären Person anhaftet; der Gehorsam muß hier durch das Gefühl gefärbt sein, einer nicht greifbaren und ihren Grenzen nach gar nicht bestimmbaren Macht unterworfen zu sein, die man nirgends sehen, aber deshalb überall vermuten kann.

Der soziologisch allgemeine Zusammenhang einer Gruppe durch die Einheit der befehlenden Instanz ist in der geheimen Gesellschaft mit unbekannten Oberen gleichsam in einen focus imaginarius verlegt und hat damit seine reinste, gesteigertste Form gewonnen.

Der soziologische Charakter, der dieser zentralistischen Unterordnung an den Einzelelementen der geheimen Gesellschaft entspricht, ist deren Entindividualisierung.

Wo die Gesellschaft nicht die Interessen ihrer Individuen zur unmittelbaren Absicht hat, sondern sozusagen aus sich heraustritt, indem sie ihre Mitglieder als Mittel zu außerhalb ihrer gelegenen Zwecken und Aktionen benutzt - da zeigt die geheime Gesellschaft wiederum ein gesteigertes Maß der Entselbstung, der Nivellierung der Individualität, die schon das Sozialwesen überhaupt und als solches erfährt und mit der die geheime Gesellschaft den oben betonten individualisierenden und differenzierenden Charakter des Geheimnisses als solchen aufwiegt.

Dies beginnt bei den Geheimbünden der Naturvölker, deren Auftreten und Vornahmen fast allenthalben unter Gebrauch von Masken geschieht, so daß ein ausgezeichneter Kenner direkt urteilt, daß, wo man bei einem Naturvolk Masken findet, dies das Dasein von Geheimbünden mindestens vermuten lasse.

Es liegt freilich im Wesen des Geheimbundes, daß seine Mitglieder sich als solche verbergen.

Allein, indem der betreffende Mann doch ganz unzweideutig als Mitglied des Geheimbundes auftritt und agiert und nur nicht zeigt, welche sonst bekannte Individualität mit diesem Mitglied identisch ist, wird das Verschwinden der Persönlichkeit als solcher hinter seiner Rolle in der geheimen Gesellschaft auf das stärkste betont.

In der irischen Verschwörung, die sich in den siebziger Jahren in Amerika unter dem Namen Clan-na-gael organisierte, wurden die einzelnen Mitglieder nie mit ihrem Namen, sondern nur mit Nummern bezeichnet.

Zwar geschah auch dies natürlich zu dem praktischen Zwecke der Geheimhaltung; allein es beweist, wie sehr dieser die Individualität unterdrückt.

Mit Personen, die nur als Nummern figurieren, die vielleicht - wie es wenigstens in analogen Fällen vorkommt - auch den andern Mitgliedern kaum mit ihren persönlichen Namen bekannt sind, wird die Führerschaft viel rücksichtsloser, viel gleichgültiger gegen ihr individuelles Wünschen und Können verfahren, als wenn die Vereinigung jedes ihrer Mitglieder als persönliches Wesen einschlösse.

Nicht weniger wirkt in diesem Sinne die umfängliche Rolle und die Strenge des Rituals.

Denn solche bedeutet immer, daß die objektive Formung Herr über das Persönliche des Beitrags und der Betätigung geworden ist.

Die hierarchische Ordnung läßt das Individuum nur als Träger einer vorbestimmten Rolle zu, sie hält für jeden Teilnehmer gleichsam ein stilisiertes Gewand bereit, in dem seine persönlichen Umrisse verschwinden.

Es ist nur ein andrer Name für diese Ausschaltung der differenzierten Persönlichkeit, wenn geheime Gesellschaften eine große relative Gleichheit unter ihren Mitgliedern pflegen; dem despotischen Charakter ihrer Verfassungen widerspricht dies so wenig, daß auch in allen möglichen andersartigen Gruppierungen der Despotismus sein Korrelat in der Nivellierung der Beherrschten findet.

Innerhalb der geheimen Gesellschaft besteht zwischen den Mitgliedern oft eine brüderliche Gleichheit, die sich ihren Unterschieden in allen ihren sonstigen Lebenssituationen scharf und tendenziös entgegenstellt.

Bezeichnenderweise tritt dies einerseits an geheimen Gesellschaften religiös-ethischen Charakters - die das Bruder-Wesen stark akzentuieren -, andrerseits bei solchen illegaler Natur entschieden hervor.

Bismarck spricht in seinen Erinnerungen von einer in Berlin weitverzweigten päderastischen Verbindung, die er als junger Gerichtsbeamter kennen lernte, und betont »die gleich machende Wirkung des gemeinschaftlichen Betreibens des Verbotenen durch alle Stände hindurch«.

Diese Entpersönlichung, in der die geheime Gesellschaft ein typisches Verhältnis zwischen Individuum und Gesellschaft einseitig zuspitzt, erscheint endlich als die charakteristische Verantwortungslosigkeit.
Auch hier ist die Maske das primitivste Phänomen.

Die meisten afrikanischen Geheimbünde sind durch einen als Waldgeist verkleideten Mann gleichsam repräsentiert; dieser begeht an den ihm zufällig Begegnenden jede beliebige Vergewaltigung, bis zu Raub und Mord.

Eine Verantwortung für seine Schandtaten trifft ihn nicht, und zwar ersichtlich nur wegen seiner Maskierung: das ist die etwas unbehilfliche Form, unter der jene Bünde die Persönlichkeit ihrer Anhänger verschwinden lassen und ohne die diese letzteren zweifellos von Rache und Strafe ereilt werden würden.

Aber die Verantwortung ist eben so unmittelbar mit dem Ich verknüpft, - auch philosophisch fällt das ganze Verantwortungsproblem in das Ichproblem hinein - daß die Unkenntlichmachung der Person für dies naive Empfinden alle Verantwortung aufhebt.

Nicht weniger aber bedient sich das politische Raffinement dieses Zusammenhanges.

Im nordamerikanischen Repräsentantenhaus werden die eigentlichen Entscheidungen in den ständigen Ausschüssen getroffen, denen sich das Plenum fast immer anschließt.

Die Verhandlungen dieser aber sind geheim, es ist also der wesentlichste Teil der gesetzgeberischen Tätigkeit dem Publikum verborgen.

Damit erscheint die politische Verantwortlichkeit der Abgeordneten zum großen Teile erloschen, da man niemanden für unkontrollierbare Vorgänge verantwortlich machen kann.

Indem die Anteile der Einzelpersonen an den Beschlüssen versteckt bleiben, erscheinen diese von einer überindividuellen Instanz getragen, die Verantwortungslosigkeit ist auch hier die Folge oder das Symbol jener gesteigerten soziologischen Entindividualisierung, die dem Geheimnis der Gruppenaktion entspricht.

Für alle Vorstände, Fakultäten, Komitees, Kuratorien usw., deren Verhandlungen geheim sind, gilt eben das selbe: das Individuum verschwindet als Person in dem sozusagen namenlosen Kreismitglied und mit ihm die Verantwortung, die an einem solchen, in seinem Sonderverhalten nicht mehr greifbaren Wesen hat nicht haften kann.
Endlich bestätigt sich diese einseitige Steigerung allgemein soziologischer Züge an der Gefahr, von der sich der große umgebende Kreis seitens der geheimen Verbindungen mit Recht oder Unrecht bedroht glaubt.

Wo starke Zentralisierung - besonders in politischer Hinsicht - erstrebt wird, werden Sondervereinigungen der Elemente rein als solche perhorresziert, noch ganz abgesehen von ihren Inhalten und Zwecken; sie machen sozusagen als bloße Einheiten dem Zentralprinzip Konkurrenz, das es sich allein vorbehalten will, die Elemente zur Einheitsform zusammenzufassen.

Die Besorgtheit der Zentralmacht vor jedem »Sonderbund« durchzieht was für diese Untersuchungen vielfach wichtig und schon hervorgehoben ist - die ganze Staatengeschichte.

Einen charakteristischen Typ bezeichnet etwa die Schweizer Konvention von 1481, nach der zwischen den konföderierten zehn Staaten durchaus keine Separatallianzen stattfinden durften; einen andern die Verfolgung der Gesellenbünde durch den Despotismus des 17. und 18. Jahrhunderts; einen dritten die Tendenz auf Entrechtung der Kommunen, die der moderne Staat so oft zeigt.
Diese Gefahr der Sondervereinigung für das umgebende Ganze erscheint potenziert an der geheimen Gesellschaft.

Der Mensch hat selten dem wenig oder nur ungefähr Bekannten gegenüber eine ruhige und rationelle Haltung.

Der Leichtsinn, der das Unbekannte als nicht vorhanden behandelt, und die ängstliche Phantastik, die es gerade zu ungeheuren Gefahren und Schrecknissen aufbläht, pflegen sich in sein Verhalten zu teilen.

So erscheint die geheime Gesellschaft schon als geheime gefährlich.

Wie man schon nicht wissen kann, ob nicht überhaupt eine Sondervereinigung ihre zu legalen Zwecken gesammelte Kraft auch einmal zu unerwünschten benutzen wird, und daraus der prinzipielle Argwohn der Zentralgewalten gegen Untertanenbünde entspringt, so liegt Verbindungen gegenüber, die sich prinzipiell verbergen, der Verdacht um so näher, daß ihr Geheimnis Gefahren verbirgt.

Die Orange Societies, die sich anfangs des 19. Jahrhunderts in England zur Unterdrückung des Katholizismus organisierten, vermieden alle öffentliche Diskussion und arbeiteten nur im geheimen durch persönliche Verbindungen und Korrespondenzen.

Aber gerade dies Geheimnis ließ sie als eine öffentliche Gefahr erscheinen: es erhob sich der Argwohn, »that men, who shrank from appealing to public opinion, meditated a resort to force«.

So erscheint der Geheimbund schon rein auf Grund seines Geheimnisses der Verschwörung gegen die bestehenden Mächte gefährlich benachbart.

Wie sehr dies nur eine Steigerung der allgemeinen politischen Bedenklichkeit der Sondervereinigung ist, zeigt recht eine Erscheinung wie die folgende.

Die ältesten germanischen Gilden boten ihren Mitgliedern einen wirkungsvollen Rechtsschutz und ersetzten ihnen damit den Schutz des Staates; darum haben, auf der einen Seite, die dänischen Könige in ihnen Stützen der öffentlichen Ordnung gesehen und sie begünstigt. Auf der andern Seite aber erschienen sie aus eben dem selben Grunde gerade als *Konkurrenten* des Staates, die fränkischen Kapitularien verurteilten sie deshalb, und zwar, indem sie sie als *Verschwörungen* bezeichneten.

Die heimliche Vereinigung gilt so sehr als ein Feind der Zentralmacht, daß nun schon umgekehrt jeder politisch perhorreszierte Bund als eine solche bezeichnet wird!

Anmerkungen:

Fußnoten

1. Es gibt freilich noch einen andern Typus des Vertrauens, der, weil er jenseits von Wissen und Nichtwissen steht den jetzigen Zusammenhang nur mittelbar berührt: denjenigen, den man den' Glauben des Menschen an einen andern nennt und der in die Kategorie des religiösen Glaubens gehört. Wie man niemals auf Grund der »Beweise für das Dasein Gottes« an ihn geglaubt hat, diese Beweise vielmehr nur die nachträgliche Rechtfertigung oder intellektuelle Spiegelung eines ganz unmittelbaren Verhaltens des Gemütes sind - so »glaubt« man an einen Menschen, ohne daß dieser Glaube sich durch Beweise für die Würdigkeit der Person rechtfertigte, ja, oft trotz der Beweise für das Gegenteil der Würdigkeit. Dieses Vertrauen, diese innere Vorbehaltlosigkeit einem- Menschen gegenüber ist weder durch Erfahrungen noch durch Hypothesen vermittelt, sondern ein primäres Verhalten der Seele in bezug auf den andern. In ganz reiner, gelöster Form tritt dieser Zustand nur innerhalb der Religion auf, Menschen gegenüber wird er wohl immer einer Anregung oder einer Bestätigung durch das oben behandelte Wissen oder Vermuten bedürfen; während andrerseits freilich auch in jenen sozialen Formen des Vertrauens, als so exakt oder intellektuell begründet sie auftreten, ein Zusatz jenes gefühlsmäßigen, ja, mystischen »Glaubens« des Menschen an den Menschen stecken mag. Vielleicht ist sogar das hiemit Bezeichnete eine Grundkategorie menschlichen Verhaltens, auf den metaphysischen Sinn unserer Beziehungen zurückgehend und durch die bewußten, singulären Gründe des Vertrauens nur empirisch, zufällig, fragmentarisch verwirklicht.

2. Dies Verbergen hat in manchen Fällen eine soziologische Folge von eigentümlicher ethischer Paradoxität. So zerstörend nämlich es oft für ein Verhältnis zwischen zweien ist, wenn der eine eine Schuld gegen den andern begangen hat, die beiden im Bewußtsein ist, so nützlich kann eben dasselbe für das Verhältnis sein, wenn der Schuldige allein darum weiß; denn dadurch wird er zu Rücksicht, Zartheiten, geheimem Wieder-gutmachenwollen bewegt, zu Nachgiebigkeiten und Selbstlosigkeiten, die ihm bei völlig gutem Gewissen ganz fernlägen.

3. Diese Gegenbewegung findet auch in umgekehrter Richtung statt. Über die englische Hofgeschichte ist bemerkt worden, daß die eigentliche Hofkabale, die geheimen Einflüsterungen, die Intrigenorganisationen noch nicht beim Despotismus einsetzen, sondern erst, wenn der König konstitutionelle Ratgeber hat, wenn die Regierung insofern ein offen vorliegendes System ist. Erst dann begänne der König - und dies sei besonders seit Eduard II. merkbar - diesen ihm irgendwie aufgedrungenen Mitregierenden gegenüber einen unoffiziellen, gleichsam unterirdischen Kreis von Beratern zu bilden, der in sich und durch die Bemühungen, in ihn hineinzugelangen, eine Kette von Verstecktheiten und Konspirationen zeitige.

4. Wird die menschliche Vergesellschaftung durch das Sprechenkönnen bedingt, so wird. sie - was freilich nur hier und da hervortritt - durch das Schweigenkönnen geformt. Wo alle Vorstellungen, Gefühle, Impulse, ungehemmt als Rede hervorsprudeln, entsteht ein chaotisches Durcheinander, statt eines irgendwie organischen Miteinanders. Man macht sich diese Notwendigkeit des Schweigenkönnens für die Entstehung eines regulierten Verkehrs selten klar, weil sie uns selbstverständlich ist - obgleich sie zweifellos eine historische Entwicklung hat, die anhebt von dem Geschwätz des Kindes und des Negers, an dem sein Vorstellen auch für ihn selbst erst irgendeine Konkretheit und Selbstsicherheit bekommt und, dem entsprechend, den ungefügen Schweigegeboten, die der Text erwähnt; und die mündet in der Urbanität der hohen gesellschaftlichen Kultur, zu deren vornehmsten Besitzstücken das sichere Gefühl

gehört: wo man reden und wo man schweigen muß; daß z. B. in einer Gesellschaft der Wirt sich zurückzuhalten hat, solange die Gäste untereinander die Unterhaltung tragen, dagegen sogleich einzugreifen hat, wenn sich in dieser eine Lücke zeigt. Eine mittlere Erscheinung mögen etwa die mittelalterlichen Gilden bieten, die statutenmäßig jeden bestrafen, der den Alderman in seiner Rede unterbricht.

68

gehört: wo man reden und wo man schweigen muß; daß z. B. in einer Gesellschaft der Wirt sich zurückzuhalten hat, solange die Gäste untereinander die Unterhaltung tragen, dagegen sogleich einzugreifen hat, wenn sich in dieser eine Lücke zeigt. Eine mittlere Erscheinung mögen etwa die mittelalterlichen Gilden bieten, die statutenmäßig jeden bestrafen, der den Alderman in seiner Rede unterbricht.